Spanisches Haftungs- und Versicherungsrecht

Schriften der Deutsch-Spanischen Juristenvereinigung

Band 27

PETER LANG
Frankfurt am Main · Berlin · Bern · Bruxelles · New York · Oxford · Wien

Thomas M. Mannsdorfer/Susana Navas Navarro

Spanisches Haftungs- und Versicherungsrecht

PETER LANG
Internationaler Verlag der Wissenschaften

Bibliografische Information der Deutschen Nationalbibliothek
Die Deutsche Nationalbibliothek verzeichnet diese Publikation in der Deutschen Nationalbibliografie; detaillierte bibliografische Daten sind im Internet über <http://www.d-nb.de> abrufbar.

Umschlagabbildung:
Logo der Deutsch-Spanischen Juristenvereinigung e.V.
Abdruck mit freundlicher Genehmigung der
Deutsch-Spanischen Juristenvereinigung e.V.

ISSN 1433-884X
ISBN 978-3-631-55193-6

www.peterlang.de

Danksagung

Das spanische Haftungs- und Versicherungsrecht wird mit diesem Buch erstmals auch einem deutschsprachigen Publikum zugänglich gemacht. Diese Monographie will einen Überblick zur Thematik verschaffen, zugleich aber auf die wichtigsten Fundstellen in Rechtsprechung und Lehre verweisen. Das Buch ist als praktischer Leitfaden und Einstieg für Anwälte und andere Rechtsanwender gedacht, die sich mit dem spanischen Haftungs- und Versicherungsrecht befassen. Diese Abhandlung soll aber auch deutschsprachigen Studierenden, die einen Teil ihrer Studienzeit an einer spanischen Universität verbringen, von Nutzen sein.

Diese Publikation wäre ohne die wertvolle Hilfe Dritter nicht zustande gekommen. Wir möchten uns bei Frau *Karin Meissner*, Rechtsassessorin, Basel und Herrn Dr. *Martin Ebers*, Dozent, Barcelona/Berlin, für die kritische Durchsicht des Manuskripts und manche Verbesserungsvorschläge bedanken. Auf Seite des Verlages Peter Lang hat uns Frau *Ute Winkelkötter* vom Büro Hamburg unterstützt und darüber hinaus auch das nötige Verständnis für Verzögerungen in der Produktion entgegen gebracht.

In dieser Arbeit wird der Einfachheit halber nur die männliche Form verwendet. Die weibliche Form ist mit eingeschlossen. Fremdsprachige Zitate oder Satzteile werden in kursiver Schrift hervorgehoben. Ein Literaturverzeichnis findet sich jeweils am Ende jedes Kapitels.

Wir widmen diese Monographie unserem Sohn *Alex Oscar*, der uns sehr viele schöne und unvergessliche Stunden beschert.

Barcelona/Paris, im Mai 2008

Susana Navas Navarro
Thomas M. Mannsdorfer

Inhaltsübersicht

Inhaltsverzeichnis

Abkürzungsverzeichnis

Abs.	Absatz
Art.	Artikel
BOE	*Boletín oficial del Estado* (= spanisches Bundesgesetzblatt) http://www.boe.es/g/es/
CC	*Código civil* (= spanisches BGB/ABGB/ZGB)
CCJC	*Cuadernos civitas de jurisprudencia civil*
CCo	*Código de comercio* (= spanisches HGB)
CE	*Constitución española* (= Verfassung des Königreichs Spanien) http://www.constitucion.es
CP	*Código penal* (= spanisches Strafgesetzbuch/StGB)
D	Digeste
LCS	*Ley 50/1980, de 8 de octubre de contrato de seguro*; BOE Nr. 250, vom 17. Oktober 1980 (= spanisches Versicherungsvertragsgesetz)
LDCU	Königliches Dekret 1/2007, vom 16. November, *por el que se aprueba el texto refundido de la Ley general para la defensa de los consumidores y usuarios y otras leyes complementarias*; BOE Nr. 287, vom 30. November 2007
LEC	*Ley 1/2000, de 7 de enero, de enjuiciamiento civil*; BOE Nr. 7, vom 8. Januar 2000 (= spanische Zivilprozessordnung/ZPO)
LECr	*Ley de enjuiciamiento criminal* vom 14. September 1882 und vom 22. Januar 2004 (= spanische Strafprozessordnung/StPO)

LGS	*Ley 14/1986, de 25 de abril, general de sanidad*; BOE Nr. 102, vom 29. April 1986 (= spanisches Gesundheitsgesetz)
LGSS	*Real Decreto Legislativo 1/1994, de 20 de junio, por el que se aprueba el texto refundido de la Ley general de la seguridad social*; BOE Nr. 154, vom 29. Juni 1994
LH	*Ley hipotecaria de 8 de febrero de 1946*
LJCA	*Ley 29/1998, de 13 de julio, reguladora de la jurisdicción contencioso-administrativa*; BOE Nr. 167, vom 14. Juli 1998 (= spanisches Verwaltungsverfahrensgesetz)
LM	*Ley 25/1990, de 20 de diciembre, del medicamento*; BOE Nr. 306, vom 22. Dezember 1990 (= spanisches Heilmittelgesetz)
LNA	*Ley 48/1960, de 21 de julio, sobre navegación aérea*; BOE Nr. 176, vom 23. Juli 1960 (= spanisches Luftverkehrsgesetz)
LO	*Ley orgánica* (= grundlegendes Gesetz, das die Verfassung in gewissen Gebieten weiterentwickelt)
LOE	*Ley 38/1999, de 5 de noviembre, de ordenación de la edificación*; BOE Nr. 266, vom 6. November 1999 (= spanisches Baugesetz)
LOPD	*Ley Orgánica 15/1999, de 13 de diciembre, de protección de datos de carácter personal*; BOE Nr. 298, vom 14. Dezember 1999 (= spanisches Datenschutzgesetz)
LOPJ	*LO 6/1985, de 1 de julio, del poder judicial*; BOE Nr. 157, vom 1. Juli 1985 (= spanisches Gerichtsorganisationsgesetz)
LPL	*Ley de procedimiento laboral*; BOE Nr. 86, vom 11. April 1995 (= spanisches Arbeitsverfahrensgesetz)

LRJAPPAC	*Ley 30/1992, de 26 de noviembre, de régimen jurídico de las administraciones públicas y procedimiento administrativo común*; BOE Nr. 285, vom 27. November 1992 (= spanisches Organisationsgesetz)
LRPM	*LO 5/2000, de 12 de enero, de responsabilidad penal de los menores*; BOE Nr. 11, vom 13. Januar 2000 (= spanisches Jugendstrafgesetz)
Nr.	Nummer
RAJ	*Repertorio Aranzadi de jurisprudencia*
RATC	*Repertorio Aranzadi de jurisprudencia constitucional*
RN	*RD 45/2007, de 19 de enero, por el que se modifica el reglamento de la organización y régimen del notariado, aprobado por Decreto de 2 de junio de 1944*; BOE Nr. 25, vom 29. Januar 2007
S.	Seite
WP	*Working Paper*
Ziff.	Ziffer

I. Grundlagen des Haftungsrechts

1. Einführung

1. Bis vor einigen Jahren führte das Haftpflicht- oder Schadensrecht - wie es heute oft genannt wird - im spanischen Rechtsalltag ein eher stiefmütterliches Dasein. Das spanische Zivilgesetzbuch (*Código Civil*) widmet sich - wie der historisch als Vorbild dienende französische *Code Civil* - zwar ausführlich den einzelnen Vertragsverhältnissen (Art. 1089 ff. CC), wogegen die Bestimmungen zur außervertraglichen Haftung eher spärlich erscheinen: Mit der Frage der außervertraglichen Haftung befasst sich der ***Código Civil*** zunächst in **Art. 1089** *in fine*, der festhält, "dass Verbindlichkeiten [...] aus solchen Handlungen und Unterlassungen entstehen, die verboten sind, oder bei denen irgendeine Art von Verschulden oder Fahrlässigkeit eingreift" (*Las obligaciones nacen de la ley, de los contratos y cuasicontratos, y de los actos y omisiones ilícitos o en que intervenga cualquier género de culpa o negligencia*).

Gleichzeitig zu erwähnen ist Art. 1093 CC, der bezüglich der außervertraglichen Haftung auf das 2. Kapitel des 26. Titels des spanischen Zivilgesetzbuches verweist (Art. 1902 - 1910 CC).

Das haftpflichtrechtliche Grundprinzip *alterum non laedere* geht auf JUSTINIAN zurück und besagt, dass niemand einem anderen Schaden zufügen könne, ohne dass er daraus haftpflichtig würde. Dieser Ansatz begründet die Verpflichtung, dem Opfer zugefügte Schäden auszugleichen.

2. Im modernen spanischen Recht finden sich die **wichtigsten Haftungsnormen** in den folgenden vier Rechtsgebieten:

a. Zivilrechtliche Haftungsnormen: Die einschlägigen zivilrechtlichen Haftungsnormen, mit denen sich diese Arbeit überwiegend befasst, finden sich im *Código Civil* einerseits und in verschiedenen Spezialgesetzen andererseits. Die zivilrechtlichen Haftungsnormen regeln grundsätzlich die individuelle Haftung einer Person gegenüber einer anderen Person.

b. Verwaltungsrechtliche Haftungsnormen: Die zentralen verwaltungsrechtlichen Haftungsnormen sind in Art. 139 ff. des Gesetzes 30/1992 über die Regelung der öffentlichen Verwaltung und allgemeiner administrativer Vorgehensweisen vom 26. November 1992 (*Ley 30/*

1992, de 26 de noviembre, de Régimen Jurídico de las Administraciones Públicas y del Procedimiento Administrativo Común; BOE Nr. 285, vom 27. November 1992. Abkürzung: "LRJAPPAC") enthalten. Dieses Gesetz enthält auch Bestimmungen zur Haftungszurechnung. Geregelt wird die Haftung der öffentlichen Verwaltung gegenüber einer anderen Verwaltungseinheit oder gegenüber einer privaten Person.

c. Strafrechtliche Haftungsnormen: Art. 109 ff. des spanischen Strafgesetzbuches (*Código Penal*; Abkürzung: "CP") sowie das Gesetz über das Jugendstrafrecht (*LO 5/2000, de 12 de enero, de responsabilidad penal de los menores*; BOE Nr. 11, vom 13. Januar 2000. Abkürzung: "LRPM") enthalten die einschlägigen strafrechtlichen Haftungsnormen. Diese Gesetzesbestimmungen befassen sich mit der zivilrechtlichen Haftung, die aufgrund eines Verbrechens oder Vergehens entsteht. Voraussetzung ist denn auch ein vorsätzliches Verhalten oder zumindest ein strafrechtlich relevantes Verschulden, wenngleich es sich bei der subsidiären Haftung jener Person, die anstelle des Verurteilten zur Verantwortung gezogen wird, oft um eine Kausalhaftung handelt.

d. Arbeitsrechtliche Haftungsnormen: Die einschlägigen Haftungsnormen finden sich einerseits in den Art. 1902 und 1904 CC, aber namentlich auch in weiteren Gesetzestexten, die dem Schutz der Arbeitnehmer vor Unfällen und Krankheiten dienen. Im Allgemeinen handelt es sich dabei um Tatbestände der Verschuldenshaftung.

Für jede Kategorie der erwähnten Haftungsnormen (a.-d.) findet je ein **unterschiedliches Verfahrensrecht** Anwendung: die Zivilprozessordnung (*Ley 1/2000, de 7 de enero, de enjuiciamiento civil*; BOE Nr. 7, vom 8. Januar 2000, Abkürzung: "LEC") im Zivilrecht; das Verwaltungsverfahrensgesetz (*Ley 29/1998, de 13 de julio, reguladora de la jurisdicción contencioso-administrativa*; BOE Nr. 167, vom 14. Juli 1998. Abkürzung: "LJCA") im Verwaltungsrecht; die Strafprozessordnung (*Ley de Enjuiciamiento Criminal*; vom 14. September 1882 und vom 22. Januar 2004. Abkürzung: "LECr") im Strafrecht sowie das Königliche Dekret 2/1995, vom 7 April, durch welches der revidierte Text des auf Arbeitsverhältnisse anzuwendende Verfahren genehmigt worden ist (*Ley de Procedimiento Laboral*; BOE Nr. 86, vom 11. April 1995. Abkürzung: "LPL") im Arbeitsrecht.

3. Bei gerichtlichen Auseinandersetzungen führt diese Aufteilung denn auch zu **vier verschiedenen Gerichtsbarkeiten**:

a. Sofern der Schädiger eine natürliche oder juristische Person ist, die über keinerlei öffentliche Aufgabe oder Gewalt verfügt, untersteht die Auseinandersetzung der **zivilrechtlichen Gerichtsbarkeit** (Art. 22.3 *LO 6/1985, de 1 de julio, del poder judicial*; BOE Nr. 157, vom 1. Juli 1985. Abkürzung: "LOPJ").

b. Sofern es sich beim Schädiger um einen Beamten oder Angestellten der öffentlichen Verwaltung handelt, und sofern der Schaden im Zusammenhang mit der regulären oder irregulären amtlichen Verwaltungsführung steht, findet die streitige **Verwaltungsgerichtsbarkeit** Anwendung (Art. 9.4 LOPJ, Art. 2 lit. e LJCA). So wird insbesondere auch die Haftungsfrage der durch eine öffentliche Gesundheitsinstitution verursachten Schäden im Verwaltungsverfahren beurteilt (Zusatzbestimmung 2a des Gesetzes 30/1992 in der vom Gesetz 4/1999 wiedergegebenen Fassung).

c. Sofern das schädigende Ereignis zugleich den Tatbestand eines Verbrechens oder Vergehens erfüllt, unterliegt der Rechtsstreit auf jeden Fall der **strafrechtlichen Gerichtsbarkeit** (Art. 23.1 LOPJ). Ungeachtet davon hat die geschädigte Person allerdings die Möglichkeit, die sich aus dem Verbrechen, Vergehen oder auch einer Übertretung abgeleitete Haftung durch einen Zivilrichter beurteilen zu lassen (Art. 109 Abs. 2 CP; nachstehend: S. 24 ff.).

d. Erleidet der Arbeitnehmer als Folge eines **Arbeitsunfalls** einen Schaden, so gilt nachfolgendes: Die **sozialversicherungsrechtliche Gerichtsbarkeit** anerkennt Ansprüche sozialversicherungsrechtlicher Natur, die sich gegen bestimmte Berufsgenossenschaften (*mutuas de accidentes de trabajo y enfermedades profesionales de la seguridad social*) sowie gegen Unternehmen richten, die sich mit der Verwaltungsführung befassen oder die direkt gegen die Dienstleistungserbringer erhoben werden (Art. 126 Abs. 1 *Ley General de la Seguridad Social*; BOE Nr. 154, vom 29. Juni 1994. Abkürzung: "LGSS"; sowie Art. 9 Abs. 5 LOPJ und Art. 2 LPL).

Da es keine Gesetzesbestimmung gibt, die die Beurteilung möglicher zivilrechtlicher Ersatzansprüche, die dem Geschädigten gegen den Unternehmer zustehen könnten (Art. 1903 und 1904 CC, Art. 42 des Gesetzes 31/1995, vom 8. November, über die Prävention von Arbeitsrisiken; BOE Nr. 269, vom 10. November 1995. Abkürzung: "LPRL"), durch die sozialversicherungsrechtliche Gerichtsbarkeit regelt, haben sich sowohl die 1. Kammer des Obersten Gerichtshofes (Zivilkammer) als auch die 4. Kammer (Sozialkammer) als zuständig für die Beurteilung solcher Ansprüche erklärt.

Infolge dieser Vielzahl von Verfahrensbestimmungen und materiellrechtlicher Normen stellen sich verschiedene Fragen, die in den nachfolgenden Kapiteln behandelt werden.

2. Vertragliche und außervertragliche Haftung

1. Das schädigende Verhalten kann sich einerseits aus der Nicht- oder Schlechterfüllung eines Vertrages, der die Parteien bindet, ergeben. Andererseits kann es auf menschlichen Aktivitäten beruhen, ohne dass eine juristisch-vertragliche Beziehung zwischen dem Schädiger und dem Geschädigten bestehen würde. Im ersten Fall spricht man von der **vertraglichen Haftung**, bei welcher die Entschädigungspflicht auf einer Pflichtverletzung beruht, nämlich bezüglich der in Art. 1101 ff. CC stipulierten Vertragserfüllungspflichten.

2. Im zweiten Fall ergibt sich die Schadensersatzpflicht einzig aus einem schädigenden Verhalten, mit welchem der Schädiger allgemein geforderte Rücksichtnahmepflichten gegenüber anderen Personen in einer bestimmen, rechtlich relevanten Weise verletzt hat. Im Gegensatz zur vertraglichen Haftung ist diese **Haftung außervertraglich, deliktisch**. In Anlehnung an die römisch-rechtliche *Lex Aquilia* (*in lege Aquilia et levissima culpa venit*; D 9, 2, 44) wird sie auch *responsibilidad aquiliana* genannt, oder teilweise sogar ganz einfach *responsabilidad civil*, wobei dieser Ausdruck gemeinhin eher als Oberbegriff für die vertragliche und die außervertragliche Haftung gebraucht wird. In neuerer Zeit wird auch in zunehmendem Maße der sich an die angelsächsischen Rechtsordnungen anlehnende Ausdruck *derecho de daños* (*tort law*) verwendet, ein Ausdruck, der sich vor allem am Schaden und nicht so sehr an der Person des Schädigers orientiert.

3. Auf der anderen Seite wäre es möglich, den Begriff "Vertragshaftung" bloß als Ausdruck der Nichterfüllung eines Vertrages zu verstehen. Lehre und Rechtsprechung verstehen den Ausdruck *responsabilidad contractual* (Vertragshaftung) jedoch weiter, nämlich als jede Form der auf einem bestehenden Schuldverhältnis beruhenden Haftung (Urteil des Obersten Gerichtshofs vom 3. Mai 1968, RAJ Nr. 1968/2738), somit auch auf solchen Schuldverhältnissen, die nicht auf Vertrag beruhen. Davon stammt auch die Aussage, wonach sich die

Vertragshaftung von der reinen Haftung für Vertragsverletzungen weg bewegt habe. Tatsächlich geht es jedoch darum, dass die **vertragliche Haftung** immer dann greift, wenn ein **Schuldverhältnis** zwischen den Parteien besteht, wobei die Grundlage dieses Schuldverhältnisses keine Rolle spielt. Die Grundlage der Vertragshaftung kann, muss aber somit nicht ein Vertrag sein.

4. Nach dem hier vertretenen Ansatz ist eine **Haftung** dann **außervertraglich**, wenn zwischen der geschädigten und der schädigenden Person vor dem schädigenden Ereignis **keine Rechtsbeziehung** (im Besonderen kein Schuldverhältnis) bestanden hat.

5. So gesehen scheint die Unterscheidung zwischen der vertraglichen und der außervertraglichen Haftung eindeutig zu sein: abgesehen von der Verjährungsfrage, die unterschiedlich geregelt ist, besteht bei der vertraglichen Haftung ein bereits existierendes Schuldverhältnis, wogegen dieses bei der außervertraglichen Haftung fehlt. Trotzdem ist die Unterscheidung in der Praxis nicht derart klar, vor allem deshalb nicht, weil sowohl die Vertrags- als auch die Deliktshaftung dem vorher dargestellten allgemeinen Rechtsgrundsatz *alterius non laedere* und deshalb oft **gleichen Grundprinzipien** folgen, was denn auch vom Obersten Gerichtshof mehrfach festgehalten worden ist (Urteile des Obersten Gerichtshofs vom 19. Juni 1984, RAJ Nr. 1984/3250, vom 9. Juli 1984, RAJ Nr. 1984/3802):

- Bestehen eines Schadens (*producción de un daño*);
- Schadenszurechnung zu einem bestimmten Schadenverursacher (*atribución del daño a un sujeto*);
- Verpflichtung zur Schadloshaltung des Geschädigten (*deber de resarcir a la víctima*);
- Bestehen eines Kausalzusammenhangs (*nexo causal*).

Die besprochene Unterscheidung zwischen der vertraglichen und der außervertraglichen Haftung wird allerdings im Rahmen der Festsetzung des Schadens (Schadensberechnung) dahin gehend abgemildert, dass die Rechsprechung auch im Bereich der Deliktshaftung dem Vertragsrecht zugehörige Konzepte anwendet (Art. 1101 - 1107 CC).

6. Sofern bei Vorliegen einer Rechtsbeziehung zwischen den Parteien eine besondere Regelung bezüglich des Schadensersatzes getroffen wurde, hat der Oberste Gerichtshof mehrmals festgehalten, dass die Berufung auf Art. 1902 ff. CC unter gewissen Voraussetzungen ausgeschlossen sein kann, und **vorzugsweise die Bestimmungen zur Vertragshaftung** angewendet werden sollten (z.B. Urteil des Obersten Gerichtshofs vom 26. Januar 1984, RAJ Nr. 1984/386). Wie später dargelegt werden wird, stellt sich dieses Problem vor allem im Rahmen der Haftungskonkurrenz. Anderseits hat der Oberste Gerichtshof festgehalten, dass das bloße Vorliegen einer bestehenden Rechtsbeziehung zwischen dem Schädiger und dem Geschädigten für die Anwendung der Bestimmungen zur vertraglichen Haftung nicht ausreiche, sondern sich die Auswirkungen des schädigenden Ereignisses auf den Wirkungskreis der Vertragsparteien und auf die Auswirkungen des ausgehandelten Vertragsinhaltes beziehen müsse. Ohne Zweifel hängt damit die Zuordnung eines bestimmten Anspruchs zum Vertragsrecht von sehr subjektiven Kriterien ab. Es ist offenkundig, dass sich dieses Problem vor allem dann stellt, wenn sich ein schädigendes Ereignis ohne Unterschied sowohl der vertraglichen als auch der außervertraglichen Haftung unterstellen lassen würde und insbesondere wenn es um außervertragliche Gläubigeransprüche geht.

7. In Übereinstimmung mit den Bestimmungen des *Código Civils* ist der soeben dargestellte Ansatz auch dann anwendbar, wenn der Schaden durch zwei Schädiger verursacht worden ist, die geschädigte Person jedoch nur mit einem Schädiger in einer "Rechtsbeziehung" steht: Vertragsrecht würde dort Anwendung finden, wo die Rechtsbeziehung besteht, wogegen im Verhältnis zum anderen Schädiger, der mit der geschädigten Person in keinem Rechtsverhältnis steht, die Normen des außervertraglichen Haftungsrechtes zur Geltung kommen würden. Die Frage ist dagegen dann nicht von großer Relevanz, wenn gegen einen Schädiger sowohl aufgrund vertraglicher als auch aufgrund außervertraglicher Haftungsgrundlage vorgegangen werden kann (**Anspruchskonkurrenz**).

8. Es gibt **drei Ansätze**, um den beschriebenen Konflikt zu lösen:

a. Nach einem ersten Ansatz gibt es nicht zwei rechtlich vollständig unabhängige und eigenständige Entschädigungsansprüche - den vertraglichen und den außervertraglichen. Im Gegenteil: Dogmatisch gesehen gibt es bloß einen Ersatzanspruch, der gestützt auf unterschiedlichen Gesetzesgrundlagen für ein und dasselbe schädigende Ereignis geltend gemacht werden kann (**Anspruchskonkurrenz**; *concurso de leyes*). Nach diesem, im deutschen Recht vorherrschenden Ansatz, kann sich der Geschädigte darauf beschränken, dem Richter die haftungsbegründenden

Tatsachen vorzutragen und den Ersatzanspruch zu beziffern. In Anwendung des prozessualen Rechtsgrundsatzes *iura novit curia* ist es dann einzig Sache des Richters, den anwendbaren Rechtssatz zu finden und somit die auf den Fall zutreffende Haftungsgrundlage zu bestimmen.

b. Nach einem weiteren Ansatz handelt es sich beim vertraglichen und beim außervertraglichen Haftungsanspruch um zwei sich klar unterscheidende, selbständige Rechtsansprüche. Im Falle einer bestehenden Vertragsbeziehung ist die Geltendmachung außervertraglicher Haftungsansprüche - sofern diese auf der entsprechenden "Rechtsbeziehung" beruhen - nach dieser **Lehre der Unvereinbarkeit** der Haftungsansprüche ausgeschlossen (*tesis de la incompatibilidad de pretensiones*).

c. Nach einem letzten Ansatz entspringen der vertraglichen und der außervertraglichen Haftung zwei verschiedene, juristisch selbständige Haftungsansprüche, die in Konkurrenz zueinander stehen. Nach dieser **Optionslehre** (*tesis de la posibilidad de opción*) hat der Geschädigte die freie Wahl, auf welche Grundlage - die vertragliche oder die außervertragliche - er seinen Haftungsanspruch stützen will.

Der Oberste Gerichtshof scheint den ersten Ansatz (a.) zu verwerfen, da die vertragliche und die außervertragliche Haftung unterschiedlichen Ursprungs seien, unterschiedliche Eigenschaften aufwiesen sowie einem anderen Zweck dienten. Die Rechtsprechung des Obersten Gerichtshofs (Urteile vom 1. Februar 1994, RAJ Nr. 1994/854; vom 27. September 1994, RAJ Nr. 1994/7307; vom 15. Juni 1996, RAJ Nr. 1996/ 4774; vom 18. Februar 1997, RAJ Nr. 1997/1240; vom 21. April 1998, RAJ Nr. 1998/2056; vom 9. Juni 1998, RAJ Nr. 1998/3717; vom 8. April 1999, RAJ Nr. 1999/ 2660; vom 7. November 2000, RAJ Nr. 2000/ 9911) folgt dagegen teilweise der Lehre der Unvereinbarkeit (b.) und teilweise der Optionslehre (c.). Auf der Grundlage dieser beiden Lehren, ist es für den Geschädigten nicht ausreichend, dem Richter die Tatsachen vorzulegen, ohne ihn auf die anwendbare Haftungsgrundlage hinzuweisen. Die **Wahl der Haftungsgrundlage bindet den Geschädigten**. Er hat keine Möglichkeit, die einmal getroffene und in seinem Rechtsbegehren festgehaltene Wahl zu revidieren. Die Wahl des Geschädigten bindet aber auch den Richter, der sich an das Rechtsbegehren zu halten hat (*causa pretendi*), sofern dies zu keiner Inkongruenz (*incongruencia*) führt. Die Unterscheidung der beiden Lehren besteht vor allem darin, dass dem gefällten Urteil im Falle der Lehre der Unvereinbarkeit materielle Rechtskraft zukommt. Auf eine erneute Klage, die vom Geschädigten nun gestützt auf eine außervertragliche Haftungsgrundlage geltend gemacht würde, dürfte der Richter infolge der bereits abgeurteilten Sache nicht eintreten (*res iudicata*). Folgt man dagegen der Optionslehre, so liegt keine "gleiche Angelegenheit" vor, und es besteht im Falle eines Urteils auch keine materielle Rechtskraft gegenüber einer möglicherweise später eingeleiteten Klage, die sich auf die außervertragliche Haftungsgrundlage stützt. Es wäre somit möglich, dass ein Geschädigter, nachdem er mit einer auf Vertragsrecht beruhenden Klage ganz oder teilweise unterlegen sein sollte, versucht, den selben Anspruch nun auch noch außervertraglich geltend zu machen.

9. Auf jeden Fall gilt jedoch auch in Spanien das Gebot, wonach dem Geschädigten der erlittene Schaden gesamthaft nur einmal entschädigt werden kann. Eine doppelte Entschädigung ist nicht möglich. Keine Entschädigung darf zweimal zugesprochen bzw. geleistet werden (**Doppelentschädigungs- und Überentschädigungsverbot**). Dies würde zu einer ungerechtfertigten Bereicherung des Gläubigers der Ersatzleistung - also der geschädigten Person - führen.

3. Zivilrechtliche und strafrechtliche Rechtswidrigkeit

1. Gemäß Art. 1089 CC entstehen Verbindlichkeiten aus dem Gesetz, aus Verträgen und Quasi-Verträgen sowie aus solchen Handlungen und Unterlassungen, die verboten sind oder bei denen irgendeine Art von Verschulden oder Fahrlässigkeit eingreift. Somit unterscheidet der spanische Gesetzgeber in Art. 1089 CC zwischen der zivil- und strafrechtlichen Rechtswidrigkeit. Strafrechtlich relevant sind jene rechtswidrigen Handlungen und Unterlassungen, die dem **spanischen Strafgesetzbuch** (*Código Penal*) zu entnehmen sind (Art. 109 - 122 sowie Art. 125 und Art. 126 CP). Art. 1092 CC stipuliert denn auch, dass sich bürgerlichrechtliche Verbindlichkeiten, die sich aus Straftaten oder Übertretungen ergeben, nach dem Strafgesetzbuch zu beurteilen sind. Es muss allerdings betont werden, dass sich die außervertragliche Haftung sowohl aufgrund einer zivilrechtlichen als auch aufgrund einer strafrechtlichen Rechtswidrigkeit ergeben kann.

Obwohl terminologisch von zivilrechtlicher Haftung gesprochen wird, die sich aus einem Delikt ableitet (*responsabilidad civil derivada de delito*), ist es nicht immer zutreffend, dass sich diese aus einem Straftatbestand ergibt; vielmehr muss der Schaden in irgendeiner Art mit einem strafrechtlichen Tatbestand in Zusammenhang stehen. So besagt Art. 19 CP, dass jede Person, die für eine Straftat verantwortlich ist, auch zivilrechtlich dafür einzustehen hat (*toda persona responsable criminalmente de un delito o falta lo es también civilmente*).

2. Ausgangspunkt der außervertraglichen Haftung ist auf jeden Fall der Grundsatz, dass **jeder** unrechtmäßig zugefügte **Schaden ersetzt** werden muss. Die Spaltung zwischen zivil- und strafrechtlicher Rechtswidrigkeit berührt sodann verschiedene Fragen:

- Ist der Zivil- oder der Strafrichter für die Beurteilung einer bestimmten Haftungsfrage zuständig?
- Findet das Zivil- oder das Strafgesetzbuch auf die materielle Beurteilung einer bestimmten Haftungsfrage Anwendung?

a. Beurteilt ein Strafrichter ein schädigendes Ereignis als Straftat (Verbrechen oder Vergehen) oder als Übertretung, so wird die simultane Einleitung eines Zivilverfahrens fingiert. Der **Strafrichter beurteilt** sodann auch jene **zivilrechtlichen Ersatzansprüche** des Geschädigten, die sich auf die Straftat (Verbrechen oder Vergehen) oder Übertretung beziehen. Dabei stützt er sich auf das Strafgesetzbuch (Art. 1092 CC), wobei die zivilrechtlichen Regeln zur Festsetzung des Schadens gemäß Art. 4 Abs. 3 CC immerhin als die das Strafrecht ergänzenden Gesetzesbestimmungen angewandt werden.

Das Gesagte gilt nicht, wenn der Geschädigte auf die Geltendmachung von Zivilansprüchen verzichtet oder aber von der Möglichkeit Gebrauch macht, für seine Zivilansprüche den (getrennten) ordentlichen Rechtsweg zu wählen (Art. 112 LECr). Wurden außervertragliche Haftungsansprüche durch den Strafrichter rechtskräftig beurteilt, so kann allerdings keine Zivilklage mehr über denselben Gegenstand eingereicht werden.

b. Hat sich der Geschädigte die **Beschreitung des Zivilwegs vorbehalten**, so kann er nach Art. 112 LECr im Anschluss an das Strafurteil eine zivile Haftungsklage beim dafür zuständigen Zivilgericht erheben. Der Zivilrichter ist in diesem Fall an die vom Strafrichter beurteilten Tatfragen gebunden, nicht hingegen an dessen rechtliche Würdigung. Welche Gesetzesbestimmungen hat der Zivilrichter in einem so gelagerten Fall anzuwenden? Dem eindeutigen Wortlaut von Art. 1092 CC zufolge, sind es die Regeln des Strafgesetzbuches zur zivilrechtlichen Haftung. Diese Ansicht wird auch von der herrschenden Lehre geteilt, während eine Minderheit die Meinung vertritt, dass ausschließlich die Haftungsbestimmungen des *Código Civil* Anwendung finden sollten.

c. Es gibt sodann Fälle, in denen **kein Strafurteil** gefällt werden kann, obwohl ein Strafverfahren eingeleitet worden ist. Dies kann darauf zurück zu führen sein, dass ein Versäumnisverfahren erfolglos durchgeführt worden ist oder der Angeklagte/Angeschuldigte verstorben ist (Art. 111 LECr). Das Strafverfahren wird deshalb eingestellt oder suspendiert. Der Geschädigte kann jedoch eine **Haftungsklage** beim zuständigen **Zivilgericht** einreichen. Die Lehre geht in diesen Fällen davon aus, dass der zuständige Zivilrichter - in Ermangelung einer abgeurteilten Straftat oder Übertretung - die Haftungsbestimmungen des spanischen Zivilgesetzbuches anzuwenden hat.

d. Im Falle eines strafrechtlichen **Freispruchs** (*sentencia absolutoria*) des Angeschuldigten/Angeklagten kann der Geschädigte eine **Haftungsklage** beim zuständigen **Zivilgericht** erheben. Bei deren Beurteilung hat der Zivilrichter ausschließlich die Bestimmungen des *Código Civil* anzuwenden (Art. 119 CP).

Es gibt allerdings eine wichtige Ausnahme von diesem Grundsatz: Wird das Strafverfahren gemäß Art. 118 CP infolge dauernder oder während der präsumtiven Straftat bestehender Unzurechnungsfähigkeit des Angeschuldigten/Angeklagten eingestellt (z.B. bei Unterschreitung des Strafmündigkeitsalters, Pflegebedürftigkeit, Wahnsinn, vorübergehender Geistesgestörtheit, unüberbrückbarem Angstzustand oder schwerwiegender Veränderung der Bewusstseinswahrnehmung), so bestimmt Art. 119 CP, dass der die Einstellung verfügende Strafrichter über die im Strafgesetzbuch vorgesehenen Haftungsansprüche zu entscheiden hat, sofern die zivilen Ansprüche simultan zum Strafverfahren (a.) zu beurteilen sind.

e. Sofern gar **kein Strafverfahren** eingeleitet wird, kann die geschädigte Person ihren Ersatzanspruch nur im Zivilverfahren geltend mache. Die Zivilgerichtsbarkeit ist dann ausschließlich zuständig und wendet einzig die zivilrechtlichen Haftungsbestimmungen an. Wenn es sich beim Sachverhalt aber um ein Verbrechen oder Vergehen handeln könnte und ein Strafverfahren eingeleitet wird, so wird das Zivilverfahren ausgesetzt, bis über die Strafsache entschieden worden ist.

3. Zusammenfassend können somit zwei Hauptkategorien unterschieden werden:

a. Ergeht ein **Strafurteil** (*sentencia penal condenatoria*), so kann der vom Strafrichter als bewiesen erachtete Sachverhalt vom Zivilrichter nicht mehr überprüft bzw. neu beurteilt werden. Das Strafurteil befindet - sofern sich die geschädigte Person die Beschreitung des zivilen Weges nicht vorbehalten hat - auch endgültig über die auf einer Straftat (Verbrechen oder Vergehen) oder Übertretung beruhenden Zivilansprüche.

b. Bei einem **Freispruch** (*sentencia absolutoria*) hat die geschädigte Person die Möglichkeit, ihre Haftungsansprüche vor dem Zivilrichter und gestützt auf die zivilrechtlichen Bestimmungen geltend zu machen.

4. Die Frage, ob Haftungsansprüche im Zivil- oder Strafverfahren beurteilt werden, kann bezüglich der anwendbaren **Verjährungsfrist** von Bedeutung sein. Während außervertragliche Haftungsansprüche grundsätzlich nach Art. 1968 Abs. 2 CC mit Ablauf eines Jahres - ab Kenntnis des haftungsbegründenden Ereignisses durch den Anspruchsteller - verjähren (in Katalonien beträgt diese Regelverjährung drei Jahre), sehen weder der *Código Civil* noch der *Código Penal* eine Verjährungsregelung bezüglich außervertraglicher Ansprüche vor, die im Strafverfahren geltend gemacht werden. Nach herrschender Lehre unterliegen solche Ansprüche derselben Verjährungsfrist wie allgemeine schuldrechtliche Ansprüche (15 Jahre), außer wenn die einjährige Verjährungsfrist für die Geltendmachung von zivilrechtlichen Ansprüchen infolge Beleidigung oder Verleumdung Anwendung finden sollte (Art. 1968 Abs. 2 CC).

4. Haftungsvoraussetzungen

1. Zunächst ist festzuhalten, dass die Lehre **drei verschiedene Gruppen von Verantwortlichkeiten** unterscheidet:

a. Direkte Verantwortlichkeit für das eigene Verhalten. Art. 1902 CC besagt, dass derjenige, der durch ein Handeln oder Unterlassen einem anderen einen Schaden zufügt, verpflichtet ist, den verursachten Schaden wiedergutzumachen, wenn "Verschulden" (vgl. zu diesem, vom deutschen Recht abweichenden Begriff: nachstehend: S. 32) oder Fahrlässigkeit vorliegt (*el que por acción u omissión causa daño a otro interviniendo culpa o negligencia está obligado a reparar el daño causado*).

b. Indirekte Verantwortlichkeit für fremdes Verhalten. Hier geht es um die in Art. 1903 und 1904 CC erwähnten Haftungstatbestände, bei denen eine Person für die von einer anderen Person verursachten Schäden einzustehen hat.

c. Verantwortlichkeit für die von Tieren oder Sachen angerichteten Schäden (Art. 1905 - 1910 CC).

Diese Klassifikation entspricht der Gliederung des *Código Civil*, folgt systematisch aber auch der Zuordnung von Verantwortlichkeiten zu bestimmten Subjekten. In den erwähnten drei Kategorien geht es jeweils um die Verantwortlichkeit eines Subjektes als Schädiger. Die nachfolgenden Ausführungen befassen sich vorab mit den gemeinsamen Grundlagen aller Haftungsbestimmungen, so insbesondere mit der direkten Verantwortlichkeit für eigenes Verhalten, wogegen spezifische Aspekte der indirekten Verantwortlichkeit für fremdes Verhalten (Titel III) sowie der Verantwortlichkeit für von Tieren oder Sachen angerichteten Schäden (Titel XI) später behandelt werden.

2. Im Allgemeinen müssen folgende **Voraussetzungen** für die Begründung der außervertraglichen Haftung gegeben sein:

- **Schädigendes Verhalten**, sei dies in der Form einer Handlung oder eines Unterlassens (nachstehend: S. 28 ff.);
- Entstehung eines **Schadens** (vorstehend: S. 20 ff.);
- **Kausalzusammenhang** zwischen dem schädigenden Verhalten und dem Schaden (nachstehend: S. 40 ff.);
- **Verschulden** des Schadenverursachers.

4.1. Schädigendes Verhalten

1. Nach Art. 1902 CC ist jemand, der durch ein **Handeln** oder **Unterlassen** einem anderen Schaden zufügt, verpflichtet, den verursachten Schaden wiedergutzumachen, wenn ein "Verschulden" (vgl. zu diesem, vom deutschen Recht abweichenden Begriff: nachstehend, S. 31 f., Ziff. 4b) oder eine Fahrlässigkeit vorliegt.

a. Handlung. Eine Handlung im Sinne der Haftungsvoraussetzung ist jedes freiwillige, bewusste und willentliche Verhalten, das objektiv einer bestimmten (oder bestimmbaren) Person zugerechnet werden kann. In der Regel wird das menschliche Handeln dabei von anderen Umständen begleitet, was im Rahmen des Kausalzusammenhanges noch genauer zu erläutern sein wird (nachstehend: S. 40 ff.).

b. Unterlassen. Zunächst muss festgelegt werden, welches Unterlassen überhaupt eine außervertragliche Haftung zu begründen vermag. Dabei kann folgende Unterteilung gemacht werden:

- Unterlassen, das im Verhältnis zu einer sich abspielenden Aktivität steht (z.B. Fahren ohne Licht in der Nacht);
- Einfaches Unterlassen zeichnet sich dadurch aus, dass jemand eine Handlung unterlässt, dieses Unterlassen aber nicht im Zusammenhang mit einer eigentlichen Aktivität steht. Einfaches Unterlassen ist deshalb schwieriger zu erfassen. So kann jemand aufgrund eines Unterlassens haftbar werden, wenn (i) das Unterlassen in der Absicht geschieht, jemanden zu schädigen oder (ii) wenn das Gesetz eine bestimmte Handlungspflicht statuiert. In Zweifelsfällen kann man sich dabei am Kriterium des normalerweise erforderlichen Verhaltens orientieren (*conducta normalmente exigible*), um zu bestimmen, ob ein Unterlassen eine außervertragliche Haftung zu begründen vermag. Dies bedeutet, dass zu prüfen ist, wie sich jemand verhalten hätte, wenn nach allgemeiner Ansicht eine Handlungspflicht bestünde und das Unterlassen einen Verstoß gegen die Solidaritätspflicht und den guten Glauben bedeuten würde.

2. Damit ein schädigendes Verhalten eine außervertragliche Haftpflicht auszulösen vermag, muss es **widerrechtlich** sein. Eine bestimmte Handlung ist widerrechtlich, wenn sie gegen eine zwingende Gebots- oder Verbotsnorm verstößt (Art. 6 Abs. 3 CC). In der Deliktshaftung (*responsabilidad aquiliana*) besteht die Widerrechtlichkeit schließlich in der Verletzung der allgemeinen Rechtspflicht, anderen keinen Schaden zuzufügen (*alterius non laedere*).

3. Trotz dieser bereits von JUSTINIAN vertretenen Maxime der widerrechtlichen Natur der Schädigung gibt es **Rechtfertigungsgründe**, die die Widerrechtlichkeit ausschließen, das heißt Gründe, die ein an sich unzulässiges Verhalten bzw. eine an sich unzulässige Schädigung rechtmäßig machen:

a. Ausübung eigener Rechte und Selbsthilfe (*ejercicio del propio derecho*). Die Ausübung eigener subjektiver Rechte kann zur Schädigung anderer führen, auch ohne dass der Schadenverursacher dafür haftungsrechtlich einzustehen hätte. Die Ausübung der eigenen subjektiven Rechte hat allerdings ihre Schranken in Art. 7 Abs. 2 CC, wonach das Gesetz "den Missbrauch eines Rechtes oder die unsoziale Ausübung desselben nicht unterstützt". Nur die rechtmäßige Ausübung eines eigenen subjektiven Rechts kann daher als Rechtfertigungsgrund verstanden werden.

b. Einwilligung des Geschädigten (*volenti non fit iniuria*). Wer mit Einwilligung des Geschädigten handelt, hat für sein schädigendes Verhalten grundsätzlich nicht einzustehen. Dies gilt uneingeschränkt im Bereich der Sachbeschädigung. Bei Personenschäden hat die Rechtsprechung dagegen die Möglichkeit des Schädigers, sich auf die Einwilligung des Geschädigten zu berufen, eingeschränkt. Dies vor allem dann, wenn die Persönlichkeitsrechte der geschädigten Person höher zu bewerten sind.

c. Notwehr (*legítima defensa*). Die Notwehr ist als Strafausschlussgrund in Art. 20 Abs. 4 CP geregelt. Darüber hinaus bildet die Notwehr auch einen haftungsrechtlichen Rechtfertigungsgrund, der dazu führen kann, dass der Schädiger für den entstandenen Schaden nicht einzustehen hat.

d. Notstand (*estado de necesidad*): Nach Art. 20 Abs. 5 CP ist die Notstandshandlung ein vorsätzlicher Eingriff in ein fremdes Rechtsgut zur Rettung aus eigener Gefahr. Bei der Frage, ob ein Notstand als zivilrechtlicher Rechtfertigungsgrund vorliegt, sind dabei die nachfolgenden Voraussetzungen zu prüfen:

- Der entstandene Schaden darf nicht größer sein, als jener Schaden, der durch die geltend gemachte Notstandshandlung abgewendet werden konnte;
- Die Notstandssituation ist nicht vorsätzlich durch die sich auf den Notstand berufene Person herbeigeführt worden;
- Die sich auf Notstand berufende Person hat keine rechtliche Verpflichtung, sich für die Abwendung des in Frage stehenden Schadens einzusetzen (Art. 8 Abs. 7 CP).

Nach Art. 118 Abs. 3 CP müssen die Personen, von denen Schaden durch eine Notstandshandlung abgewandt worden ist, die durch dieselbe Handlung geschädigten Personen im Umfang dieser Vermögensbeeinträchtigung schadlos halten.

4. Das schädigende Verhalten muss nicht nur widerrechtlich, sondern darüber hinaus auch schuldhaft sein. Das **Verschulden** (*culpa*) ist somit eine weitere Haftungsvoraussetzung im spanischen Deliktsrecht. Trotz dieses Grundsatzes, werden nachfolgend auch weitere Kriterien der Zugrundelegung eines schädigenden Verhaltens unter die Haftungsnormen untersucht, so insbesondere die Kausal- und die Gefährdungshaftung, die so genannte "objektive Haftung".

Art. 1902 CC verpflichtet den Schädiger, den von ihm verursachten Schaden wiedergutzumachen, wenn durch sein Handeln oder Unterlassen einem anderen ein Schaden zugefügt wird und dabei Verschulden oder Fahrlässigkeit vorliegt. Folgerichtig muss die Handlung oder das Unterlassen grundsätzlich schuldhaft sein, um eine Deliktshaftung zu begründen. Obwohl der spanische Gesetzgeber von "Verschulden" und "Fahrlässigkeit" spricht, muss man zwischen **Vorsatz** (*dolo*) und **Fahrlässigkeit** (*negligencia*) unterscheiden. Von Vorsatz spricht man dabei, wenn die Handlung oder das Unterlassen absichtlich und willentlich geschieht. Andererseits kann ein schädigendes Verhalten auch bloß fahrlässig oder unvorsichtig sein. Der Hauptunterschied zwischen den beiden Verschuldensformen liegt darin, dass ein vorsätzliches Verhalten wissentlich und willentlich begangen bzw. unterlassen wird. Nachfolgend werden die beiden Verschuldensarten getrennt behandelt. Darüber hinaus wird im Rahmen der Behandlung der Nichterfüllung eines Vertrages sowie der Kausalhaftung erneut auf das Verschulden zurückgekommen werden.

a. Vorsatz (*dolo*). Grundsätzlich enthält der spanische *Código Civil* zwei Konzepte bezüglich des Vorsatzes: Einerseits wird die Arglist - als einer Form des Vorsatzes - in Art. 1269 CC, der sich mit der Entstehung des Vertrages befasst, erwähnt. Anderseits bestimmt Art. 1101 CC, dass "diejenigen, die sich bei der Erfüllung ihrer Verbindlichkeiten vorsätzlich, fahrlässig oder säumig verhalten (...) zum Ersatz der verursachten Schäden und Nachteile verpflichtet sind". Der Vorsatz ist sowohl als Haftungszurechnungskriterium bei Verletzung des allgemeinen Rechtsgrundsatzes *neminem laedere*, als auch als integraler Bestandteil des Verschuldensbegriffes zu verstehen (siehe den Wortlaut von Art. 1902 CC).

b. Fahrlässigkeit (*negligencia*). Nach Art. 1104 CC besteht das Verschulden (*culpa*) bzw. die Fahrlässigkeit des Schuldners im Außerachtlassen derjenigen Sorgfalt, die die Natur der Verpflichtung erfordert, und die den persönlichen, zeitlichen und örtlichen Umständen entspricht. Der Begriff der *culpa* deckt sich dabei nicht exakt mit dem Verschulden des deutschen Rechts. Der spanische Gesetzgeber verwendet ihn überwiegend dort, wo man nach deutschen Maßstäben von "grober Fahrlässigkeit" sprechen würde, wobei der hier mit "Fahrlässigkeit" übersetzte Begriff der *negligencia* eher als leichte Fahrlässigkeit zu verstehen ist. Andererseits versteht sich die *culpa* nicht unbedingt als Gegensatz zum *dolo* (Vorsatz), wird doch in den Fällen, in denen nur von *culpa* die Rede ist, der *dolo* oft gar nicht erwähnt, die gegebenenfalls daneben bestehende Haftung aus Vorsatz als selbstverständlich vorausgesetzt; besonders deutlich wird dies beispielsweise beim allgemeinen deliktischen Haftungstatbestand des Art. 1902 CC.

Obwohl diese Gesetzesbestimmung dem Kapitel über die Vertragshaftung zu entnehmen ist, wird er gleichsam als Maßstab für die außervertragliche Verschuldens- oder Deliktshaftung betrachtet, was sich auch in den äußerst zahlreichen Urteilen des Obersten Gerichtshofs zur Anwendung von Art. 1104 CC im Rahmen der Deliktshaftung widerspiegelt.

Eine andere Frage ist jene des Verschuldensgrades, die eine Haftung zu begründen vermag. Im Römischen Recht musste ein Schädiger bereits für die *culpa levissima*, die leichteste Fahrlässigkeit einstehen (*in lege Aquilia et levisima culpa venit*). Im spanischen Recht verhält es sich dabei nicht anders: Nach Art. 1093 CC haftet ein Schädiger grundsätzlich für jedes Verschulden (*culpa o negligencia*).

5. Schließlich muss noch das Kriterium der **Zurechenbarkeit des schädigenden Verhaltens** (*imputabilidad*) - der Rechtsgutverletzung also - behandelt werden. So kann das schädigende Verhalten nur dann zur deliktsrechtlichen Haftung des Schädigers führen, wenn dessen Verhalten bewusst und freiwillig erfolgt ist. Darüber hinaus muss der Schädiger verschuldens-, delikts- oder urteilsfähig gewesen sein. Diese Verschuldensfähigkeit setzt gemeinhin ein bestimmtes Maß an geistig-intellektueller Leistungsfähigkeit voraus. Ein Schädiger, der nicht verschuldensfähig ist, haftet nicht, sein Verhalten würde in der Regel als natürlicher Vorfall zu betrachten sein. Vorbehalten bleibt jedoch die Möglichkeit, dass ein Dritter für das schädigende Verhalten des Verschuldensunfähigen einzustehen hat (nachstehend: S. 61 ff.).

Das Gesagte ist jedoch dahin gehend zu relativieren, dass Art. 1902 CC als Grundnorm des spanischen Deliktsrechts gerade nicht voraussetzt, dass der Schädiger mit seinem Verhalten eine bestimmte Schädigung herbeiführen will. Eine außervertragliche Haftung und damit verbundene Entschädigungspflicht kann sich vielmehr bereits daraus ergeben, dass die Schädigung an und für sich nicht beabsichtigt ist, der Schädiger diese aber hätte verhindern können oder müssen. Bezüglich der oben erwähnten Frage der Zurechenbarkeit muss die folgende Unterscheidung gemacht werden:

a. Geschäftsunfähigkeit. Im spanischen Recht beginnt die (zivilrechtliche) Volljährigkeit mit der Vollendung des achtzehnten Lebensjahres (Art. 315 Abs. 1 CC). Nach der neueren Rechtsprechung kann allerdings auch eine noch nicht geschäftsfähige Person deliktsfähig sein und somit für von ihr verursachte Schäden haftbar werden, sofern diese das schädigende Verhalten wissentlich und bewusst begeht (*culpa civil*). So hat der Oberste Gerichtshof beispielsweise einen noch nicht 17-jährigen Unmündigen verpflichtet, den von ihm verursachten Schaden gesamtschuldnerisch mit seinen Eltern zu tragen (Urteil des Obersten Gerichtshofs, 2. Kammer, vom 8. März 1990, RAJ Nr. 1990/2430). Kann der Schaden dem Unmündigen dagegen nicht zugerechnet werden, so stellt sich immerhin die Frage nach der Haftung der Eltern oder des Vormundes nach Art. 1903 CC (nachstehend: S. 61 ff.). Liegt strafrechtliches Verschulden (*culpa penal*) vor, so ist Art. 19 CP zu berücksichtigen, wonach das Strafmündigkeitsalter mit 18 Jahren erreicht ist. Das LRPM unterscheidet sodann zwischen (i) Kindern unter 14 Jahren (Art. 3 LRPM) und (ii) Jugendlichen zwischen 14 und 18 Jahren (Art. 61 ff. LRPM), die zivilrechtlich als Gesamtschuldner mit ihren Eltern, ihrem Vormund oder ihrer Aufsichtsperson haftbar werden (Art. 61 LRPM).

b. Deliktsunfähigkeit als Aspekt der Geschäftsunfähigkeit (D und A) bzw. Handlungsunfähigkeit (CH): Die strafrechtliche Bestimmung von Art. 20 Abs. 1 CP präzisiert, unter welchen Umständen (i) dauerhaft psychisch kranke oder beeinträchtigte Personen oder aber (ii) vorübergehend an Geistesschwäche leidende Personen (z.B. infolge Drogen- oder Alkoholkonsums) mit ihrem persönlichen Vermögen haftbar werden können, sofern diese nicht unter elterlicher oder vormundschaftlicher Obhut stehen (Art. 1903 CC). Aus dieser Strafrechtsnorm kann allerdings gerade nicht auf eine Ausweitung der zivilrechtlichen Haftung geschlossen werden (Art. 118 CP).

c. Juristische Personen. Rein tatsächlich werden Willensäußerungen der juristischen Personen immer durch Menschen, d.h. durch natürliche Personen getätigt. Juristische Personen können ihren Willen allerdings durch ihre Organe (rechtsgültig) kundtun und damit am Zivilrechtsverkehr teilnehmen und insbesondere nach Art. 38 Abs. 1 CC Verträge abschließen. Bezüglich der Haftung der Inhaber oder Direktoren von Unternehmen oder Firmen hinsichtlich der Schäden, die von ihren Angestellten bei der Arbeit verursacht worden sind, sei auf Art. 1903 f. CC verwiesen (nachstehend: S. 64 ff.).

4.2. Schaden und Schmerzensgeld

1. Eine **Schadensersatzpflicht** besteht im spanischen Deliktsrecht nur dann, wenn überhaupt ein **Schaden** verursacht worden ist.

2. Schadensbegriff. Bezüglich des Schadensbegriffs lassen sich verschiedene, durch die deutsche Lehre stark beeinflusste Konzepte unterscheiden. So vertritt der überwiegende Teil der Lehre einen objektiven Schadensbegriff, wonach der Schaden als unfreiwillige Verminderung im Vermögen, dem Eigentum oder anderer Güter einer Person aufzufassen sei.

Insbesondere auch LARENZ, der von der spanischen Lehre oft rezitiert wird, verficht einen **objektiven Schadensbegriff**: Danach handelt es sich beim Schaden um die Folge einer Verminderung, die der Geschädigte in seinen lebensnotwendigen Gütern, seinem Besitz und seinem Eigentum aufgrund eines bestimmten Ereignisses erleidet.

Eng verbunden mit dem Schadensbegriff ist sodann die auf einen Gesamtvermögensvergleich abzielende Differenzhypothese (*teoría de la diferencia*). Nach dieser Hypothese wird die Differenz ermittelt zwischen dem Stand des Vermögens einer Person nach dem schädigenden Ereignis mit dem Stand, der ihr Vermögen im selben Zeitpunkt ohne das Schadensereignis aufweisen würde. Diese Differenz der Vermögensstände vor und nach dem schädigenden Ereignis bestimmt sowohl das Vorhandensein als auch die Höhe des Schadens. Die Schadensermittlung nach der Differenzhypothese verschafft dem Ersatzberechtigten den vermögensmäßigen Ausgleich des auf Grund des haftungsauslösenden Ereignisses erlittenen Schadens und versagt ihm zugleich, sich am Schadenfall zu bereichern. Sie dient so der Ausgleichsfunktion des Schadensrechts. Die Differenzhypothese ist gleichsam Ausfluss und Abbild des

abstrakten Schadensbegriffs, der neben Italien und Frankreich auch im spanischen Deliktsrecht - insbesondere in Art. 1106 CC - seinen Niederschlag gefunden hat. Zudem folgt dieser Ansatz der römisch-rechtlichen Tradition des *id quod interest*.

Einem anderen Ansatz folgt der **konkrete Schadensbegriff**. Bei diesem wird auf den (objektiven) Wert einer bestimmten Sache, eines bestimmten Objekts an einem bestimmten Ort und zu einer bestimmten Zeit abgestellt. Die konkrete Schadensberechnung findet sich vor allem im Handelsrecht, welches den Preis der Sache ausdrücklich erwähnt (vgl. Art. 363, 371 und 527 CCo).

Abgesehen von den zitierten Schadensdefinitionen könnte man sich auch am **Affektionswert** orientieren. Beim Affektionswert geht es um jenen, stark subjektiven Wert, den eine bestimmte Person - *nota bene* der Geschädigte - einer bestimmten Sache oder einem bestimmten Objekt zumisst. Der spanische *Código Civil* erwähnt diesen Begriff nirgends. Dennoch spielt der Affektionswert bzw. das Affektionsinteresse bei der Bemessung des Schmerzensgeldes eine Rolle.

3. Schadensarten. Das spanische Recht unterscheidet zwischen dem materiellen (a.) und dem (b.) immateriellen Schaden.

a. Materieller Schaden. Der materielle Schaden betrifft den Verlust, den die geschädigte Person in ihrem Vermögen, im Wert ihres Eigentums oder anderer Güter erleidet. Der materielle Schaden ist somit immer ökonomisch und in Geld messbar (Urteile des Obersten Gerichtshofs vom 14. Februar 1980, RAJ Nr. 1980/516; vom 2. April 1997, RAJ Nr. 1997/2727). Der materielle Schaden umfasst dabei sowohl den positiven Schaden (*daño emergente; damnum emergens*) als auch den entgangenen Gewinn (*lucro cesante; lucrum cessans*). So bestimmt Art. 1106 CC ausdrücklich, dass der Haftende auch den Gewinn zu ersetzen habe, den der Gläubiger nicht hat erlangen können.

b. Immaterieller Schaden. Der immaterielle Schaden umfasst Schäden, die durch Verletzungen der physischen oder psychischen Integrität, der Glaubens- und Gewissensfreiheit, den Gefühlen, der Würde, der Ehre, der sozialen Stellung oder der Persönlichkeitsrechte der geschädigten Person hervorgerufen werden. Dabei kann nachfolgend zwischen den (i) körperlichen Beeinträchtigungen und den (ii) immateriellen Schäden im engeren Sinne unterschieden werden:

i. Körperliche Beeinträchtigungen sind (unrechtmäßige) Beeinträchtigungen in die physische oder psychische Integrität einer bestimmten Person. Solche Körperschäden können neben einer Vielfalt von Ersatzansprüchen, wie etwa Heilungskosten oder Erwerbsausfall, auch zu einer immaterialen Beeinträchtigung der betroffenen Person führen.

Abgesehen von Ersatzleistungen für die von der geschädigten Person selbst erlittenen körperlichen Beeinträchtigung sprechen die Gerichte oft auch den nahen Angehörigen von getöteten Personen eine Entschädigung zu (*pretium doloris*), die Schmerzensgeldcharakter aufweist (Urteile des Obersten Gerichtshofs vom 19. Juni 1990, RAJ Nr. 1990/4795; vom 11. März 2000, RAJ Nr. 2000/1520; vom 24. Oktober 1999, RAJ Nr. 1999/ 7272).

ii. Immaterielle Schäden im engeren Sinne betreffen die Verletzung von Persönlichkeitsrechten. Die Bemessung des Schmerzensgeldes steht grundsätzlich im freien Ermessen des Richters. Dieser soll allerdings vorsichtig, einzelfallbezogen und nach dem Grundsatz der Billigkeit entscheiden. Dabei soll er insbesondere dem (gesellschaftlichen) Stand, dem Alter sowie allen anderen persönlichen Umständen der geschädigten Person Rechnung tragen.

4.3. Schadensberechnung. Schadenstabellen

1. Der Oberste Gerichtshof hat **keine allgemein gültigen** oder allgemein verbindlichen **Grundsätze** aufgestellt, wie der haftpflichtrechtlich relevante Schaden berechnet werden muss. Auch die deliktsrechtliche Grundnorm von Art. 1902 CC enthält keine Regel, wie der Richter den Schaden zu berechnen hat.

Immerhin bestimmt die strafrechtliche Haftungsnorm von Art. 115 CP, dass der Richter in seinen Urteilen **vernünftige Kriterien** definieren solle, die als Basis für die Berechnung des Schadens und der Ersatzleistung dienten.

Die im Jahre 2000 letztmals revidierte spanische Zivilprozessordnung (LEC) verpflichtet zudem in Art. 219 den Urteilsrichter, die zugesprochene Entschädigung entweder **genau zu beziffern** (Angabe einer präzisen Summe) oder aber die Berechnungsgrundlage derart festzulegen, dass derjenige, der mit der definitiven Kalkulation des Ersatzbetrages betraut ist, sich auf einen rein arithmetischen Vorgang beschränken könne. Mit dieser Bestimmung wird verhindert, dass ein Gericht den Umfang des haftungsrechtlichen Ersatzanspruches lediglich schätzt.

2. Im spanischen Straßenverkehrshaftpflichtrecht - in zunehmendem Maße aber auch ganz generell im außervertraglichen Haftungsrecht - wird der **Köperschaden** grundsätzlich nicht individuell-konkret, sondern mittels weitgehend **normativer Tabellen** (*baremo, tabla*), die jedes Jahr der Inflation angepasst werden, berechnet. Damit wird der im Falle eines Körperschadens zu leistende Ersatzanspruch stark objektiviert. Das Oberste Verfassungsgericht Spaniens hat zudem entschieden, dass diese Berechnungsweise das Gleichheitsgebot nicht verletze (Urteil des Verfassungsgerichts 181/2000, vom 26. Juni, RATC Nr. 2000/181).

Durch die Anwendung normativer Tabellen wird zudem das **Prinzip der vollen Restitution**, wonach dem Geschädigten die Differenz zwischen dem gegenwärtigen Vermögensstand und dem Stand, den das Vermögen ohne das schädigende Ereignis hätte, erstattet werden soll, **durchbrochen**. Die geschädigte Person kann also mehr (z.B. bei Arbeitslosigkeit oder sehr geringem Verdienst) oder auch weniger (z.B. bei sehr hohem Verdienst) vom Schädiger bzw. dessen Versicherung erhalten, als die schadensbedingte Wertdifferenz ausmachen würde.

Dieses normative System wird allerdings **relativiert**, einerseits durch **Korrekturfaktoren** (erhöhend wirken z.B. mittlere und hohe Einkommen, reduzierend dagegen Vorzustände des Geschädigten) und andererseits durch den Umstand, dass der haftpflichtrechtliche Schadensersatz zusätzlich zu anderen Leistungen (Lohnfortzahlung, Sozialversicherung, Summenversicherung usw.) ausgezahlt wird (**Prinzip der Kumulation**). Im Falle der vorübergehenden Erwerbsunfähigkeit (*incapacidad temporal*) verstehen sich die anwendbaren Basisansätze pro Tag der Erwerbsunfähigkeit (*día de baja*), wobei erhöhte Ansätze Anwendung finden, wenn der erwerbsunfähige Geschädigte in stationärer Behandlung ist (Krankenhausaufenthalt). Liegt eine vorübergehende Erwerbsunfähigkeit ohne Krankenhausaufenthalt vor, so wird bei der Festsetzung des Tagessatzes berücksichtigt, ob - ohne Krankenhausaufenthalt - eine Einschränkung der üblichen Tätigkeit oder Beschäftigung vorliegt (höherer Ansatz) oder nicht. Auch der Dauerschaden bzw. die Dauerinvalidität wird tabellarisch berechnet. Jeder Dauerschaden wird zunächst - unter Anwendung einer ersten Tabelle - nach Punkten bewertet. Danach gibt eine weitere Tabelle Auskunft über die jeweilige monetäre Bewertung pro Punkt. Je höher die Gesamtpunktzahl (= Intensität/Schweregrad des

Dauerschadens), die sich aus verschiedenen, durch den gleichen Schadenfall erlittenen körperlichen Beeinträchtigungen zusammensetzen kann, desto "wertvoller" ist der einzelne Punkt. Dabei hängt die Bewertung der einzelnen Punkte nicht nur von der Intensität bzw. dem Schweregrad des zu beurteilenden Dauerschadens, sondern auch vom Alter des Geschädigten ab. Als Dauerschaden bezeichnet man dabei einen Personenschaden, der als permanent qualifiziert werden muss, dessen Auswirkungen demnach von unbestimmter Dauer und in aller Regel irreversibel sind.

3. Die ziffernmäßige **Bemessung des immateriellen Schadens** (Schmerzensgeld) gestaltet sich **schwierig** und die Rechtsprechung verweist lediglich auf die Pflicht des Richters, diese Bemessung umsichtig, im Lichte der Umstände des Einzelfalles (Einzelfallgerechtigkeit) sowie nach den Grundsätzen der Billigkeit vorzunehmen. Als Bemessungskriterien soll der Richter dabei den Zivilstand, das Alter sowie die weiteren Lebensumstände des Anspruchsstellers berücksichtigen. Während diese Bemessungskriterien im Verlauf des letzten Jahrzehnts von den Gerichten eher flexibel und locker angewandt worden sind, hat der Oberste Gerichtshof nun damit angefangen, auf andere Bewertungskonzepte abzustellen. Illustrativ ist etwa das Urteil des Obersten Gerichtshofs vom 12. Juli 1999, wonach einem Liegenschaftskäufer, dessen Liegenschaft über weniger Quadratmeter verfügte, als dies vertraglich vom Verkäufer zugesichert worden war, die Differenz zwischen dem vertraglich stipulierten und tatsächlich bezahlten Kaufpreis einerseits und dem (infolge geringerer Größe niedrigeren) Marktpreis andererseits als immaterieller Schaden (!) zuerkannt worden ist (RAJ Nr. 1999/4770; vgl. zudem das bestätigende Urteil vom 31. Mai 2000, RAJ Nr. 2000/5089).

4. ***Wrongful Birth***. In den letzten Jahren hat sich in Spanien - wie auch in anderen europäischen Ländern - die Frage gestellt, ob und allenfalls welche haftpflichtrechtlichen Ersatzansprüche die Eltern im Falle der Geburt eines geschädigten Kindes - etwa als Folge eines ärztlichen Behandlungs- oder Diagnosefehlers (z.B. fehlerhaft unterlassene Diagnose des Down-Syndroms) - gegenüber Dritten (z.B. Ärzten, Spitälern) geltend machen können. Die gemeinhin unter dem Titel *Wrongful Birth* zitierten Fälle unterscheiden sich dabei von der klassischen pränatalen oder perinatalen Schädigung dadurch, dass die Eltern (insbesondere die Mutter) im Falle der korrekten und rechtzeitigen Diagnose die Möglichkeit gehabt hätten, einen Schwangerschaftsabbruch vornehmen zu lassen.

Das nun körperlich beeinträchtigt geborene Kind wäre bei einem anderen Entscheid der Eltern demnach nicht gesund, sondern gar nicht geboren worden. Die zentrale rechtliche (und wohl auch ethische) Frage die sich stellt, ist jene, ob die Geburt eines Kindes überhaupt als Schaden qualifiziert werden könne.

Der Oberste Gerichtshof hat sich auf den Standpunkt gestellt, dass es sich **nicht um einen Vermögensschaden handelt**, auch wenn es möglich sei, der Mutter eine Entschädigung für die durch die (ungewollte) Geburt erlittene psychische Beeinträchtigung zuzusprechen (Urteil des Obersten Gerichtshofs, vom 18. Dezember 2003, RAJ Nr. 2003/9302). Getrennt davon ist nach dem Obersten Gerichtshof die Frage zu beantworten, ob einer Anspruchstellerin, deren Recht auf einen legalen Schwangerschaftsabbruch durch das Verhalten eines Dritten verhindert worden ist, eigens dafür ein Ersatzanspruch zustehen sollte. Die Rechtsprechung des Obersten Gerichtshof zu diesem Punkt ist nicht eindeutig (Urteile des Obersten Gerichtshofs, vom 6. Juni 1997, RAJ 1997/4610; vom 4. Februar 1999, RAJ Nr. 1999/748).

Steht dem Kind, das geltend macht, es hätte nicht bzw. nicht mit körperlichen Behinderungen geboren worden sollen, ein eigener Ersatzanspruch gegen den Dritten - oder allenfalls sogar gegen die Eltern - zu (***Wrongful Life***)? Anders als in Frankreich, wo der *Arrêt Perruche* für Furore gesorgt hat (Entscheid der Vollversammlung des französischen Kassationshofs vom 18.11.2001, JCP G 2002, II, 10018, 243-253), wurde diese Frage in Spanien bis heute noch nicht höchstrichterlich entschieden.

5. Inwieweit besteht auch eine Schadensersatzpflicht, wenn dem **Geschädigten** durch das schädigende Ereignis ein (geldwerter) **Vorteil** entstanden ist? Nach der Theorie von der *compensatio lucri cum damno* kann in solchen Fällen der geldwerte Vorteil mit der Ersatzleistung aufgerechnet werden. Dies gilt allerdings nur insoweit, als der erlangte (geldwerte) Vorteil auf denselben Tatsachen beruht, die auch dem den Schadensersatz begründenden Ereignis zugrunde liegen. Gestützt auf diese Überlegung ist es dem Schuldner der Ersatzleistung (Schädiger, Versicherung) auch nicht möglich, seine Leistungen mit Zahlungen aufzurechnen, die der Geschädigte aus einem Lebensversicherungsvertrag oder einer Summenversicherung erhält, die er oder andere zu dessen Gunsten abgeschlossen haben. Solche Zahlungen aus Lebens- oder Summenversicherungen sind daher grundsätzlich kumulativ.

6. Werden vom Staat, gestützt auf Sondergesetze **Entschädigungsleistungen**, infolge von **terroristischen Aktivitäten** oder der Ansteckung mit dem **AIDS- oder Hepatitis B-Virus**, bezahlt, so ist es den Leistungsempfängern aufgrund derselben leistungsauslösenden Tatsache nicht möglich, andere potentiell Ersatzpflichtige zu belangen (*Ley 35/1995, de 11 de diciembre, de ayudas a las víctimas de delitos violentos y contra la libertad sexual*; BOE Nr. 296, vom 12. Dezember 1995; *Ley 14/2002, de 5 de junio, de ayudas sociales a hemofílicos contagiados por el VHC*; BOE Nr. 135, vom 6. Juni 2002).

4.4. Kausalzusammenhang

a) Grundlagen

1. Neben dem Schaden ist das Bestehen eines **Kausalzusammenhangs** zwischen dem **Schaden** und dem **schädigenden Ereignis** eine weitere Voraussetzung der Deliktshaftung im spanischen Recht. Dies bedeutet insbesondere, dass die schädigende Handlung, die die Entschädigungspflicht begründet, die Ursache - oder eine von verschiedenen Ursachen - des Schadens ist. Oder anders gesagt: es muss ein ursächlicher Zusammenhang zwischen dem Verhalten des Schädigers einerseits und dem eingetretenen Schaden andererseits bestehen.

2. In gewissen Fällen ist der Kausalzusammenhang **unmittelbar** (oder direkt) und eindeutig. Andere Fälle gestalten sich schwieriger, da die "Kausalkette" mehr als ein Ereignis umfasst und es schwierig sein kann, ein bestimmtes - etwa das zeitlich erste - Ereignis mit dem Schaden in einen ursächlichen Zusammenhang zu bringen. In dieser zweiten Kategorie stellt sich die Frage, inwieweit ein **mittelbarer Kausalzusammenhang** noch relevant bzw. haftungsbegründend sein soll. Wie wir sehen werden, sind dabei insbesondere die mittelbaren Wirkungen des menschlichen Verhaltens von Interesse.

3. Von der Lehre werden dabei **verschiedene Ansätze** vertreten, um die Problematik der mittelbaren Kausalität zu lösen:

a. Natürlicher Kausalzusammenhang (*teoría de la equivalencia de las condiciones*). Vereinfacht gesagt geht diese Theorie davon aus, dass eine Person für ein vorangehendes schuldhaftes Verhalten einzustehen hat, sofern dieses den Schaden verursacht hat, selbst wenn andere, spätere Ereignisse dazwischen getreten sind. Es reicht also, wenn eine bestimmte Ursache *condicio sine qua non* einer bestimmten Folge ist.

b. Adäquater Kausalzusammenhang (*teoría de la causalidad adecuada*). Nach dieser Theorie haben nicht alle schadensstiftenden Ereignisse dieselbe Bedeutung. Der Schaden (und damit die Ersatzpflicht für denselben) muss damit in erster Linie jenem Ereignis zugeordnet werden, welches nach dem normalen Lauf der Ereignisse (*el curso normal de los acontecimentos*) den Schaden direkt und unmittelbar verursacht hat. Die übrigen Ereignisse sind dagegen grundsätzlich nicht haftungsrelevant. Folglich hat eine bestimmte Person für ihr schuldhaftes Verhalten nur dann haftpflichtrechtlich einzustehen, wenn dieses Verhalten die adäquate Ursache des Schadens darstellt, jene Ursache also, die normalerweise zu einem entsprechenden Schaden führt (Urteil des Obersten Gerichtshofs, vom 6. September 2005, RAJ Nr. 2005/6745).

b) Beeinträchtigung

Für den Schädiger besteht die Möglichkeit, sich von seiner Haftung zu befreien, indem er sich darauf beruft, dass zwischen seinem schädigenden Verhalten - das heißt der von ihm gesetzten Ursache - und dem vom Geschädigten erlittenen Schaden eine fremde **(andere) Ursache dazwischentritt** und sein eigenes Verhalten dadurch irrelevant wird. Möglich ist es zudem auch, dass eine Fremdursache zur eigenen Ursache des Schädigers **hinzutritt** und die beiden Schadenursachen miteinander konkurrieren. Im Einzelnen ist daher auf die folgenden Beeinträchtigungen des Kausalzusammenhanges näher einzugehen:

a. Mitverschulden des Geschädigten: Der eingetretene Schaden ist unter Umständen nicht bloß auf das Verhalten des Schädigers, sondern auch auf jenes der geschädigten Person zurück zu führen. In der Regel geht es dabei um eine von der geschädigten Person gesetzte Mitursache für ein und denselben Schaden (Urteile des Obersten Gerichtshofs, vom 19. November 1999, RAJ Nr. 1999/8299; vom 12. März 1997, RAJ Nr. 1997/ 9411; vom 11. Mai 1996, RAJ Nr. 1996/3874). Im Kausalverlauf, der durch das Verhalten des Schadenstifters ausgelöst worden ist, tritt die vom Geschädigten selbst gesetzte Mitursache hinzu. In solchen Fällen gehen Lehre und Rechtsprechung im Allgemeinen davon aus, dass die haftungsrechtliche Verantwortlichkeit zwischen der schädigenden und der geschädigten Person aufgeteilt werden muss. Diese Ansicht wird namentlich mit Billigkeitserwägungen begründet: Trotz des - zumal signifikanten - Mitverschuldens der geschädigten Person hätte sich ein bestimmter Schaden ohne das ursprüngliche Verhalten des Schadenstifters nicht entwickelt (Urteil des Obersten Gerichtshofs, vom 22. Juli 2005, RAJ Nr. 2005/ 5845).

Es steht dabei im **Ermessen des Richters**, festzusetzen, wie der Schaden zwischen dem Schädiger und der geschädigten Person aufzuteilen ist. Dabei hat der Richter im Einzelfall die Schwere des Verschuldens der beteiligten Personen - Schädiger und Geschädigter - gegeneinander abzuwägen. Es geht dabei um eine so genannte "Verschuldenskompensation" (*compensación de culpas*; Verschuldensaufrechnung) und um eine Minderung der Schadensersatzpflicht des Schädigers, letzteres in Anlehnung an Art. 1103 CC, wonach die Haftung für Fahrlässigkeit gleichermaßen bei der Erfüllung jeder Art von Verbindlichkeit geltend gemacht werden, jedoch von den Gerichten nach Sachlage gemildert werden kann.

b. Zufall oder höhere Gewalt (*caso fortuito o fuerza mayor*). Der Schädiger kann sich von seiner Haftpflicht dadurch befreien oder diese mindern, indem er Zufall oder höhere Gewalt nachweist. Niemand haftet, wenn Umstände vorliegen, für die der Schädiger nicht einzutreten hat und sich der Schaden ohne diese Umstände (Zufall oder höhere Gewalt) nicht verwirklicht hätte. Dem gleichzustellen sind Fälle, in denen der Schädiger zufällige oder durch höhere Gewalt ausgelöste Umstände nicht vorhersehen konnte oder diese Umstände trotz Vorhersehbarkeit unausweichlich oder unvermeidlich gewesen sind. Im Rahmen der Deliktshaftung befasst sich der *Código Civil* nicht ausdrücklich mit der Frage des Zufalls und der höheren Gewalt. Einzig Art. 1905 und 1908 Abs. 3 CC erwähnen die "höhere Gewalt". Allerdings findet in diesen Fällen die vertragsrechtliche Bestimmung von Art. 1105 CC Anwendung, wonach niemand für solche Ereignisse haftet, die nicht vorhergesehen werden konnten oder die zwar vorhergesehen wurden, jedoch unvermeidlich waren.

c) Sonderfälle der Schadensverursachung

1. Schadensverursachung durch mehrere Personen: In diesem Fall bilden schädigende Handlungen verschiedener Personen die Ursache ein und desselben Schadens (gemeinsame Schadensverursachung). Hier stellt sich die Frage, wie diese mehreren Personen für die gemeinsame Schadensverursachung einzustehen haben. Haften sie dem Geschädigten solidarisch (gesamtschuldnerisch) oder teilschuldnerisch? Ein Teil der Lehre vertritt die Auffassung, dass es sich in Anlehnung an Art. 1137 - 1138 CC um eine gemeinschuldnerische Verpflichtung handelt. Dies wird einerseits damit begründet, dass diese Gesetzesbestimmungen keine allgemeine Vermutung zugunsten der Gesamtschuld aufstellen und andererseits mit dem allgemeinen Rechtsgrundsatz *odiosa sunt restringenda,* wonach benachteiligende Bestimmungen eng auszulegen sind.

Die herrschende Lehre vertritt allerdings überzeugend die Ansicht, dass mehrere Personen, die einen Schaden gemeinsam verursachen, dem Geschädigten **solidarisch** haften. Dieser Ansatz ist auch für den Geschädigten günstiger, der beliebig jeden Haftpflichtigen auf die ganze Ersatzleistung verklagen kann.

In seiner neueren Rechtsprechung hat der Oberste Gerichtshof diese **Solidarität** unter mehreren Schadensverursachern dahin gehend **gemildert**, dass in erster Linie und vorab jeder Schadensverursacher für seine individuelle Beteiligung an der Schadensverursachung einzutreten habe. Nur soweit eine solche Aussonderung nicht möglich sein sollte, haften mehrere Schadensverursacher dem Geschädigten nach wie vor solidarisch (Urteile des Obersten Gerichtshofs, vom 10. März 1994, RAJ Nr. 1994/1736; vom 19. Juli 1996, RAJ Nr. 1996/5802; vom 30. Mai 1998, RAJ Nr. 1998/4112; vom 23. April 1999, RAJ Nr. 1999/4248; vom 7. November 2000, RAJ Nr. 2000/9911).

2. Schadensverursachung durch eine unbekannte Person einer Gruppe. In diesen Fällen handelt es sich um schuldhafte Verhaltensweisen, die keiner Person zugeordnet werden können. Die Rechtsprechung zu den so gelagerten Fällen ist dürftig. Ein möglicher Lösungsansatz besteht in der analogen Anwendung von Art. 33 Abs. 5 des spanischen Jagdgesetzes (*Ley de caza 1/1970, de 4 de abril*; BOE Nr. 82, vom 6. April 1970), wonach eine bewaffnete Jagdgesellschaft einer durch den Waffengebrauch am Körper verletzten Person solidarisch haftpflichtig wird, wenn nicht nachgewiesen werden kann, welches Mitglied der Jagdgesellschaft den Personenschaden tatsächlich durch den Waffengebrauch verursacht hat.

4.5. Haftungszurechnung

a) Einleitung

1. Sowohl nach der deliktsrechtlichen Grundnorm von Art. 1902 CC als auch nach der vertragsrechtlichen Bestimmung von Art. 1093 CC besteht eine Haftung nur dann, wenn ein **Verschulden** oder eine Fahrlässigkeit eingreift. Folglich muss das schadensstiftende Tun oder Unterlassen grundsätzlich sowohl im Vertrags- als auch im Deliktsrecht auf ein Verschulden zurückzuführen sein.

2. Dies führt uns zur Frage, **wieso** bzw. auf welcher Grundlage **jemand für einen Schaden einzustehen hat**? Stark vereinfacht gibt es bezüglich der Haftungszurechnung zwei Lösungsansätze:

a. Der Schädiger haftet für den von ihm verschuldeten Schaden (*responsabilidad subjetiva o por culpa*; **Verschuldenshaftung**);

b. Der Schädiger haftet kausal und deshalb unabhängig von einem Verschulden für den von ihm (oder von einer Person, für die er einzustehen hat) verursachten Schaden. Er hat für eine schadensgeneigte Aktivität einzustehen, bei welcher sich ein bestimmtes Risiko verwirklichen kann (*responsabilidad objetiva o por el riesgo creado*; **Kausalhaftung**).

Der *Código Civil* statuiert die Verschuldenshaftung als Normalfall: Ohne Verschulden des Schädigers gibt es demnach grundsätzlich keine außervertragliche Haftung. Dieses absolute Bekenntnis zur Verschuldenshaftung wurde allerdings im Verlaufe der Zeit - wie auch in anderen europäischen Rechtsordnungen - aufgeweicht. Insbesondere die Industrialisierung und Technisierung sowie die damit verbundenen **Risiken** (z.B. Eisenbahn, Auto, Luftverkehr) begünstigten die Einführung diverser Kausalhaftungstatbestände in verschiedenen Sondergesetzen, die dem Haftungsgrundtatbestand des *Código Civil* vorgehen. Die (scharfen) Kausalhaftungen führen dabei eine Entschädigungspflicht zugunsten des Geschädigten ein, die bereits dadurch ausgelöst wird, dass dieser einen im Kausalhaftungstatbestand beschriebenen Schaden erleidet. Ob der Schädiger diese Schädigung verschuldet, spielt dabei keine Rolle. Die neueste Entwicklung im spanischen Haftungsrecht versucht zunehmend die (schwächere) Stellung des Geschädigten zu schützen. Dies wird in Zukunft zweifellos zu einer weiteren Aufweichung des Verschuldensgrundsatzes führen.

b) Die Verschuldenshaftung im Spiegel der Rechtsprechung

Aus der Rechtsprechung des Obersten Gerichtshofs lassen sich folgende neuere **Tendenzen** und Wesenszüge zur **Verschuldenshaftung** ableiten:

a. Verschuldensvermutung und Beweislastumkehr. In verschiedenen, aber bislang dennoch einzelfallbezogenen Leiturteilen hat der Oberste Gerichtshof seit den Dreißigerjahren das Verschulden des Schädigers vermutet und für diese Haftungsvoraussetzung eine Beweislastumkehr angenommen. Es obliegt sodann dem Schädiger, nachzuweisen, dass er bei seinem Verhalten die erforderliche Sorgfalt hat walten lassen. Dem Schädiger obliegt so gesehen der Exkulpationsbeweis (Urteile des Obersten Gerichtshofs, vom 28. Januar 1983, RAJ Nr. 1983/393, vom 25. März 1991; RAJ Nr. 1991/2443; vom 26. Juni 1993, RAJ Nr. 1993/4790; vom 19. Juni 1997, RAJ Nr. 1997/5420; vom 12. Juni 1998, RAJ Nr. 1998/4683).

b. Schwierigkeit beim Beweis der Schadensursache. In ähnlich gelagerten Fällen, in welchen es nicht möglich ist, die Ursache eines bestimmten Schadens mit Exaktheit zu beweisen (strikter Beweis), nimmt der Oberste Gerichtshof ebenfalls eine Beweislastumkehr zugunsten des Geschädigten an. Der Schädiger hat in diesen Fällen nachzuweisen, dass er mit der den Umständen entsprechenden Sorgfalt gehandelt hat (objektiver Sorgfaltsmaßstab).

c. Die Befolgung von Rechtsbestimmungen führt zu keiner Haftungsbefreiung. Der Oberste Gerichtshof hält in seiner ständigen Rechtsprechung fest, dass sich der Schädiger nicht bloß damit exkulpieren könne, er hätte alle geltenden Gesetze, Verordnungen und übrigen Rechtsbestimmungen, die der Schadensverhütung dienen, eingehalten und hafte daher für den dennoch entstandenen oder verwirklichten Schaden nicht. Es ist vielmehr davon auszugehen, dass diese Gesetze, Verordnungen oder anderen Rechtsbestimmungen sich als ungenügend erwiesen haben, Schäden von jenen der eingetretenen Art zu verhüten. Daher vermochten die in Frage stehenden Rechtsnormen den notwendigen Sorgfaltsmaßstab auch nicht vollständig wiederzugeben.

d. Konsequente Anwendung von Art. 1104 CC. Nach Art. 1104 Abs. 1 CC besteht das Verschulden oder die Fahrlässigkeit des Schuldners im Außerachtlassen derjenigen Sorgfalt, die die Natur der Verpflichtung erfordert und die den persönlichen, zeitlichen und örtlichen Umständen entspricht. Nach der höchstrichterlichen Rechtsprechung muss Art. 1104 CC in dem Sinne konsequent angewandt werden, als die erforderliche Sorgfalt nicht rein abstrakt oder objektiv zu definieren ist, sondern die "persönlichen, zeitlichen und örtlichen Umstände", die bei der Schadensverursachung eine Rolle gespielt haben, berücksichtigt werden müssen.

c) Gesetzliche Kausalhaftungstatbestände

1. Die Kausalhaftungstatbestände (objektive Haftung) setzen grundsätzlich **kein Verschulden des Schädigers** voraus. Vereinfacht ausgedrückt haftet dieser für mögliche Schädigungen, die sich aus seinem vom Haftpflichtrecht sanktionierten Verhalten ergeben. In der Regel kann sich der Schädiger nur exkulpieren, wenn er nachzuweisen vermag, dass der Schaden durch Zufall, höhere Gewalt (vorstehend: S. 42), ausschließliches Verschulden des Geschädigten oder einen Dritten (ausschließliches Selbst- oder Drittverschulden) verursacht worden ist.

2. Das gerade dargestellte System muss **relativiert** werden: Bei verschiedenen Kausalhaftungstatbeständen bestehen **Haftungsobergrenzen** und/oder eine **Pflichtversicherung.** Pflichtversicherungen werden im Versicherungsvertragsgesetz von 1980 (*Ley 50/1980, de 8 de octubre de contrato de seguro*; BOE Nr. 250, vom 17. Oktober 1980. Abkürzung: "LCS") sowie in verschiedenen Spezialgesetzen geregelt. Im Rahmen einer solchen Versicherung deckt der Versicherer den Vermögensschaden, der dem Versicherten (d.h. dem Schädiger bzw. Haftpflichtigen) dadurch entsteht, dass er dem Geschädigten Ersatz leisten muss. Die zwingende Natur einer solchen Versicherung bedeutet, dass das Gesetz einen Risikotransfer für den Fall vorschreibt, dass jemand eine gefahrgeneigte und mit einer kausalen Haftpflicht bedrohte Tätigkeit ausübt. Damit findet ein Risikopooling (*socialización de los riesgos*) statt, in welchem die Gemeinschaft der Versicherten mit ihren Prämien für die Schadensersatzleistungen zugunsten der Geschädigten aufkommt, auch wenn sie an der Schadensverursachung im Einzelfall nicht beteiligt ist.

5. Ersatz des Schadens

5.1. Erstattungspflicht

Der Geschädigte hat grundsätzlich ein Recht auf Entschädigung für die durch das schädigende Ereignis erlittenen Folgen. Daraus folgt spiegelbildlich eine "**Ersatzpflicht**" (Art. 1089 und 1093 CC sowie Art. 109 CP). Diese Pflicht, Ersatz zu leisten, entspringt einem gesetzlich-obligatorischen Rechtsverhältnis, in welchem der Geschädigte der Gläubiger und der Schädiger der Schuldner ist. Die Hauptwesensmerkmale dieser "obligatorischen" Schadensersatzpflicht sind die folgenden:

a. Geldschuld. Soweit Schadensersatz in Geld geleistet wird, handelt es sich um eine Geldschuld (*deuda de valor*).

b. Es handelt sich um **keine höchstpersönliche Schuld**. Wie jedes Forderungsrecht kann auch eine Schadensersatzforderung übertragen werden (Art. 1111 CC).

c. Sobald sich der Schaden verwirklicht hat, und die Ersatzpflicht entstanden ist, hat der Geschädigte die Möglichkeit, auf seine Schadensersatzforderung zu **verzichten**.

5.2. Form

Grundsätzlich hängt die Form des Schadensersatzes von der Art des eingetretenen Schadens ab, insbesondere ob es sich dabei um einen materiellen oder immateriellen Schaden handelt. Grundsätzlich kann zwischen **zwei Formen** des Schadensersatzes unterschieden werden:

a. Natural- oder Realersatz (*reparación en forma específica*). Sofern dies möglich ist, können beschädigte Sachen in ihren ursprünglichen Zustand zurückversetzt werden (Art. 102 CP). Der Oberste Gerichtshof hat entschieden, dass der Schädiger nicht verpflichtet ist, Natural- oder Realersatz zu gewähren, sofern dies im Verhältnis zum entstandenen Schaden zu beschwerlich erscheint (Urteil des Obersten Gerichtshofs vom 3. März 1978, RAJ Nr. 1978/759).

b. Geldersatz (*reparación por el equivalente pecuniario*). In der Regel wird für den entstandenen Schaden Geldersatz verlangt und geleistet. Dabei entspricht die zu entrichtende Geldsumme der Bewertung des eingetretenen Schadens (vgl. zur Schadensberechnung vorstehend: S. 36). Der Geldersatz kann dabei sowohl in einer (in der Regel einmaligen) Kapitalleistung als auch als periodisch wiederkehrende Rente geleistet werden.

5.3. Geltendmachung

Der Schadensersatz (und das Schmerzensgeld) kann durch den Schädiger grundsätzlich auf **zwei Wegen** geltend gemacht werden:

a. Außergerichtlicher Vergleich (*acuerdo con la víctima*). Durch die gütliche Einigung zwischen dem Geschädigten und dem Schädiger (und allenfalls dessen Versicherung) lassen sich die Unannehmlichkeiten, die mit einer Klage verbunden sind, vermeiden. Bei der Vereinbarung zwischen dem Geschädigten und dem Schädiger (und allenfalls dessen Versicherung) handelt es sich um einen Vergleichsvertrag durch welchen die Parteien, indem jede etwas gibt, verspricht oder zurückbehält, die Durchführung eines Rechtsstreits vermeiden (Art. 1809 CC).

An dieser Stelle muss darauf hingewiesen werden, dass sowohl neue als auch bereits bekannte und vom Vergleich erfasste Schäden, deren Ausmaß sich deutlich erhöht, nicht als vom Vergleich der Parteien erfasst gelten und deshalb dem Geschädigten die Möglichkeit einer getrennten, zusätzlichen Anspruchserhebung offen lassen.

b. Gerichtsverfahren (*reclamación judicial*). Anders als in den meisten europäischen Staaten wird der Gerichtsweg in Spanien zur Geltendmachung von Haftungsansprüchen oft beschritten. Zur Verfahrenseinleitung und Klageerhebung aktiv legitimiert ist in erster Linie der Geschädigte bzw. das Oper eines Schadens. Im Umfang der erbrechtlichen Universalsukzession können sodann die Erben aktiv legitimiert sein. Sofern der Geschädigte unmündig oder entmündigt ist, sind seine gesetzlichen Vertreter (Eltern, Vormund) zur Klage legitimiert. Im Weiteren sind auch all jene Personen aktiv legitimiert, die aufgrund ihrer Verwandtschaft mit dem Geschädigten einen eigenen immateriellen oder materiellen Schaden geltend machen. Passiv legitimiert sind jene Personen, die den Schaden verursacht oder mitverursacht haben sowie Personen, die zivilrechtlich für das Verhalten anderer Personen einzustehen haben (z.B. Geschäftsherr, Bauherr, Eltern, Vormund usw.) sowie *responsables civiles subsidiarios* und Versicherungsgesellschaften (zumindest sofern ein Direktanspruch gegen diese besteht).

6. Verjährung

1. Verjährung. Sofern keine abweichende, spezialgesetzliche Norm Anwendung findet, verjährt der Anspruch auf Geltendmachung der bürgerlichrechtlichen Haftung wegen Beleidigung oder Verleumdung oder wegen der aus Verschulden oder Fahrlässigkeit abgeleiteten Verbindlichkeiten, um die es sich in Artikel 1902 CC handelt, nach **Art. 1968 Ziff. 2 CC** mit Ablauf **eines Jahres**, und zwar von dem Augenblick an, in dem der Betroffene es wusste (d.h. davon Kenntnis hatte). Im katalanischen Recht - als Beispiel einer abweichenden foralrechtlichen Bestimmung - beträgt diese Verjährungsfrist 3 Jahre. Obwohl der zitierte Art. 1968 Ziff. 2 CC lediglich auf die deliktsrechtliche Grundnorm von Art. 1902 CC verweist, geht die herrschende und in diesem Punkt unumstrittene Lehre davon aus, dass die einjährige Verjährungsfrist auf alle in den Art. 1902 CC - 1910 CC erwähnten Haftungstatbestände Anwendung findet.

2. Die Verjährungsfrist beginnt demnach im Zeitpunkt zu laufen, in welchem der **Geschädigte vom Schaden Kenntnis** und auch die **Möglichkeit zur Klageerhebung** hatte.

3. Spezialfälle. Betreffend die haftpflichtrechtliche Verjährung gilt es im Übrigen, die folgenden Spezialfälle zu beachten:

a. Dauerschäden. Bei Dauerschäden geht es um Schäden, die sich nach einem ersten Erscheinen in einem bestimmten Zeitpunkt manifestieren, sich dann aber danach in derselben Art weiter entwickeln (z.B. eine fortdauernde physische Beeinträchtigung infolge einer bestimmen Körperverletzung). Die herrschende Lehre geht davon aus, dass die Verjährungsfrist bei Dauerschäden in dem Moment zu laufen beginnt, in dem sich der Dauerschaden erstmals in einer bestimmten Form äußert (Urteile des Obersten Gerichtshofs, vom 6. Mai 1985, RAJ Nr. 1985/6319; vom 7. März 1986, RAJ Nr. 1986/1474; vom 24. Januar 1990, RAJ Nr. 1990/39, vom 20. Juli 2001, RAJ Nr. 2001/8401).

b. Fortgesetzte materielle Schäden. Hier liegt ein schädigendes Ereignis vor, welches beendet ist, dessen Erfolg sich aber in zeitlicher Hinsicht noch auswirkt (z.B. Sachschäden, die durch eine beschädigte nachbarliche Liegenschaft hervorgerufen werden). Der Oberste Gerichtshof hat in diesen Fällen bestätigt, dass bei einem Schaden, der das Ergebnis eines einmaligen Ereignisses bzw. einer einmaligen Aktivität ist, der Zeitpunkt des Beginns dieses Ereignisses bzw. dieser Aktivität für den Beginn der Verjährungsfrist maßgeblich ist. Wurde der Schaden dagegen durch ein zeitlich andauerndes Verhalten verursacht, so wird der Beginn der Verjährungsfrist auf den Zeitpunkt gelegt, in welchem der Endzustand der Schädigung erreicht worden ist (Urteil des Obersten Gerichtshofs, vom 14. September 2001, RAJ Nr. 2001/7478).

c. **Dazwischen oder hinzutretende Schäden.** In diesen Fällen beginnt die Verjährungsfrist für den hinzu oder dazwischen getretenen Schaden unabhängig von jener für den ursprünglichen Schaden. Man verwendet in diesen Fällen figurativ den Begriff "Wiederbelebung des Schadens" (*reactivación de los daños*) (Urteile des Obersten Gerichtshofs, vom 3. April 1991, RAJ Nr. 1991/ 2632; vom 30. Januar 1992, RAJ Nr. 1993/355).

4. Bei **Personenschäden** hat der Oberste Gerichtshof angedeutet, dass die Verjährungsfrist erst dann zu laufen beginnt, wenn die gesundheitlichen Folgen des erlittenen Zusammenbruchs bzw. der eingetretenen körperlichen Beeinträchtigung bekannt sind (Urteile des Obersten Gerichtshofs, vom 15. Juni 1998, RAJ Nr. 1998/ 5054; vom 12. Dezember 2000, RAJ Nr. 2000/ 820; vom 26. Juni 2001, RAJ Nr. 2001/5082). Verfahrensrechtlich ist dies der Zeitpunkt, in welchem der behandelnde Arzt die Behandlung bzw. Betreuung des Patienten abschließt und den Schlussbericht erstellt (***alta médica***). Nach geltender Rechtsprechung ist es dem Geschädigten erst im Zeitpunkt der *alta médica* möglich, seinen Anspruch geltend zu machen und die tatsächliche Tragweite sowie das Ausmaß des erlittenen Körperschadens und den Umfang seines Ersatzanspruches zu bewerten.

Wenn andererseits ein **Strafverfahren** eingeleitet worden ist, so beginnt die zivilrechtliche Verjährung nach der ständigen Rechtsprechung des Obersten Gerichtshofs in jeden Fall zu dem Zeitpunkt, in welchem ein strafrechtliches Zwischen- oder Endurteil Rechtskraft erlangt hat (Urteile des Obersten Gerichtshofs, vom 19. Mai 1997, RAJ Nr. 1997/3386; vom 21. Juni 2001, RAJ Nr. 2001/5070).

Ausgewählte Literatur

ADOMEIT, KLAUS/FRÜHBECK OLMEDO, FEDERICO, FERNANDO UND GUILLERMO, *Einführung in das spanische Recht, Das Verfassungs-, Zivil-, Wirtschafts- und Arbeitsrecht Spaniens*, C.H. Beck, München, 2007.

ARCAS VIEIRA, MARÍA LUISA, *Responsabilidad civil: nexo causal e imputación objetiva en la jurisprudencia con especial referencia a la responsabilidad por omisión*, Cizur Menor, Navarra, Thomson Aranzadi, 2005.

BUSTO LAGO, JOSÉ MANUEL, *La antijuridicidad del daño resarcible en la responsabilidad civil extracontractual*, Tecnos, Madrid, 1998.

CORTÉS DOMÍNGUEZ, VALENTÍN ET AL., *Carga de la prueba y responsabilidad civil*, Valencia, Tirant lo Blanch, 2007.

DÍEZ-PICAZO, LUIS, *Derecho de daños*, 1ª edic., Civitas, Madrid, 1999.

GÓMEZ POMAR, FERNANDO, "Daño moral". Octubre 1999, www.indret.com, WP 1/00.

PEUSTER, WITOLD, *Código Civil, Das spanische Zivilgesetzbuch, Spanisch-deutsche Textausgabe*, Edition für internationale Wirtschaft, Frankfurt am Main, 2002.

QUINTERO OLIVARES, GONZALO, *La responsabilidad civil ex delicto*, Elcano, Aranzadi, 2002.

REGLERO CAMPOS, LUIS FERNANDO (Coord.), *Tratado de la responsabilidad civil*, 3ª edic., Aranzadi, Pamplona, 2006.

REGLERO CAMPOS, LUIS FERNANDO (Coord.), *Lecciones de responsabilidad civil*, 1ª edic., Aranzadi, Pamplona, 2007.

ROCA TRÍAS, ENCARNA, *Derecho de daños. Textos y materiales*, 5ª edic., Tirant lo Blanch, Valencia, 2007.

ROCA TRÍAS, ENCARNA, "Resarcir o enriquecer. La concurrencia de indemnizaciones por un mismo daño", *Libro Homenaje al Prof. Albaladejo*, B. II, servicio de publicaciones de la Universidad de Murcia, 2004, S. 4251 ff.

SALVADOR CODERCH, PABLO/FERNÁNDEZ CRENDE, ANTONIO, "Causalidad y responsabilidad", enero 2006, www.indret.com, WP 329.

SALVADOR CODERCH, PABLO/GAROUPA, NUNO/ GOMEZ LIGÜERRE, CARLOS, "El círculo de responsables", octubre 2005, www.indret.com, WP 309.

SALVADOR CODERCH, PABLO/RAMOS GONZÁLEZ, SONIA/LUNA YERGA, ÁLVARO/RUÍZ GARCÍA, JUAN ANTONIO, "El derecho español de daños hoy: características diferenciales", *Libro Homenaje al Prof. Albaladejo*, B. II, servicio de publicaciones de la Universidad de Murcia, 2004, S. 4495 ff.

YZQUIERDO TOLSADA, MARIANO, *Sistema de responsabilidad civil contractual y extracontractual*, Dykinson, Madrid, 2001.

YZQUIERDO TOLSADA, MARIANO, *Aspectos civiles del nuevo Código penal: responsabilidad civil, tutela del crédito, aspectos de derecho de familia y otros extremos*, Dykinson, Madrid, 1997.

II. Haftpflichtversicherung

1. Grundlagen

1. Die Haftpflichtversicherung ist Gegenstand von Art. 73 und 76 LCS (**Versicherungsvertragsgesetz**).

2. Art. 71 Abs. 1 LCS definiert die Haftpflichtversicherung aus der Sicht des Versicherers. Dabei werden insbesondere die Voraussetzungen für die Entstehung des Versicherungsvertrages erwähnt. So verpflichtet sich der Versicherer, das **gesetzlich und vertraglich umschriebene Risiko** des Versicherten für dessen Ersatzpflicht gegenüber einem Dritten für einen Schaden zu decken, der durch einen im Versicherungsvertrag festgelegten Sachverhalt entstanden ist und aus welchem sich eine zivilrechtliche Haftung ergibt.

3. Das wesentliche Element der Haftpflichtversicherung ist somit die **Übernahme des Risikos** des Versicherten, durch sein eigenes oder das Verhalten einer Person, für den er einzustehen hat, den Schaden eines Dritten - sei dies aus vertraglicher oder außervertraglicher Haftung - ersetzen zu müssen. Der Versicherer hat dafür allerdings nur einzustehen, sofern sich die Pflicht des Versicherten, den Dritten schadlos zu halten, aus einem im Versicherungsvertrag erwähnten Sachverhalt ergibt und somit gedeckt ist. Der Versicherer kann somit die Leistung an den Versicherten sowohl infolge fehlender Deckung (durch den Versicherungsvertrag) als auch infolge fehlender Haftung (des Versicherten gegenüber dem Dritten) ablehnen.

2. Vertragsparteien

Der Versicherungsvertrag wird zwischen dem Versicherungsnehmer (*tomador*) und dem Versicherer abgeschlossen. Darüber hinaus sind am Haftpflichtversicherungsvertrag generell drei Personen beteiligt:

a. Der **Versicherer** (*asegurador*) ist jene Körperschaft, die für ein bestimmtes Risiko eine Versicherungsdeckung gewährt.

b. Der **Versicherte** (*asegurado*) ist jene Person, die durch den Versicherungsvertrag vor den Folgen ihrer zivilrechtlichen Haftung (oder der zivilrechtlichen Haftung von Personen, für die sie einstehen muss) geschützt wird. Der Versicherte kann, muss aber nicht gleichzeitig Versicherungsnehmer sein.

c. Der **geschädigte Dritte** (*tercero perjudicado*) ist der Gläubiger der Ersatzleistung, somit jene Person, die einen haftpflichtrechtlich relevanten Schaden erlitten hat, für welchen der Versicherte einzustehen hat. Es kann sich dabei und wird sich dabei auch oft um eine vertragsfremde Person handeln, die nicht Partei des Versicherungsvertrages ist. Im Allgemeinen kann der geschädigte Dritte nicht gleichzeitig Versicherter der den Schaden vergütenden Haftpflichtversicherung sein. In der Praxis werden dann auch regelmäßig in den Haftpflichtversicherungsverträgen gewisse Personen explizit als geschädigte Dritte ausgeschlossen, so vor allem Familienangehörige des Versicherten.

3. Gegenstand

1. Die **Hauptleistungspflicht** des Versicherers besteht in der Deckung einer zukünftigen Gefahr, eines zukünftigen Risikos. Art. 73 Abs. 1 LCS spricht *expressis verbis* von der "Entstehung einer **Zahlungsverpflichtung** des Versicherten zugunsten eines geschädigten Dritten" (*el nacimiento a cargo del asegurado de una obligación de indemnizar a un tercero*). Dabei sind folgende Elemente zu beachten:

a. Aufgrund eines **bestimmten Ereignisses** (einer Gefahr, die nun eingetreten ist) muss der Versicherte einem geschädigten Dritten dessen Schaden ersetzen.

b. Dieses Ereignis ist im Versicherungsvertrag als gedecktes Risiko, das nun zu einem Haftungsanspruch des geschädigten Dritten gegen den Versicherten geführt hat, enthalten. Der Haftpflichtversicherungsvertrag enthält somit Bestimmungen zum Versicherungsschutz, zu den versicherten Gefahren (Risiken) sowie so genannte "**Risikoausschlussklauseln**" (*cláusulas de delimitación del riesgo*). Beruht das schadensstiftende Ereignis dagegen auf einem Umstand, der im Versicherungsvertrag nicht erwähnt ist, so ist der Schaden durch die Versicherungspolice nicht gedeckt und wird folgerichtig dem Versicherten nicht entschädigt.

Dabei ist zu berücksichtigen, dass diese "Risikoausschlussklauseln" unterschiedliche Einschränkungen beinhalten können, wie etwa bezüglich (i) der versicherten Gefahr (z.B. auf die Gefahr, die mit der

Ausübung eines bestimmten Berufes oder eines Betriebes in Zusammenhang steht), (ii) des versicherten Personenkreises, (iii) des zeitlichen oder (iv) örtlichen Geltungsbereiches oder (v) der festgelegten Versicherungssumme (v). Schließlich kann die Versicherungspolice auch präzisieren, welche Haftungsarten gedeckt sein sollten (z.B. vertragliche Haftung, außervertragliche Haftung, eine bestimmte Gefährdungshaftung oder auch die allgemeine Verschuldenshaftung).

2. Neben diesen "Risikoausschlussklauseln" enthält der Versicherungsvertrag in aller Regel auch "**Risikobeschränkungsklauseln**" (*cláusulas de limitación del riesgo*), die die Leistungspflicht des Versicherers beschränken, modifizieren oder an eine bestimmte Bedingung knüpfen. Wichtig sind insbesondere jene Vertragsbestimmungen, die den Versicherer berechtigen, eine Leistungskürzung oder -verweigerung vorzunehmen, so etwa dann, wenn der Schaden vom Versicherten unter Alkoholeinfluss herbeigeführt worden ist.

3. Um eine Entschädigungspflicht des Versicherers zu begründen, muss der Versicherte für den eingetretenen Schaden verantwortlich sein. Diese **Verantwortlichkeit** kann sich durch eine Schuld- bzw. Haftungsanerkennung oder aber auch durch richterliches Urteil ergeben. Die Schadensersatzpflicht gegenüber dem geschädigten Dritten entsteht grundsätzlich bereits mit dem schädigenden Ereignis. Wenn die Verantwortlichkeit erst später - sei es durch Haftungsanerkennung oder Urteil - festgestellt wird, so beginnt die Schadensersatzpflicht dennoch rückwirkend im Zeitpunkt des schädigenden Ereignisses.

4. Direktanspruch

1. Art. 76 LCS stipuliert einen **Direktanspruch** (*acción directa*) des Versicherten gegen den Versicherer. Dieses direkte Forderungsrecht kann auch (im meist zeitlich voran gehenden) Strafverfahren geltend gemacht werden. Art. 117 CP legt fest, dass der Haftpflichtversicherer unmittelbar für die allgemeine Deliktshaftung der Versicherten einzustehen hat, was es dem Versicherer ermöglicht, ihn aber nicht verpflichtet, am Strafverfahren teilzunehmen, in der Regel als passiv-, möglicherweise aber auch als aktivlegitimierte Partei. Es stellt sich somit die Frage, ob ein im Strafverfahren ergangenes, materiell rechtskräftiges Endurteil einem Versicherer, der an diesem Strafverfahren nicht teilgenommen hat, auch dann entgegengehalten werden kann, wenn der geschädigte Dritte die Versicherung später auf dem Zivilweg auf die Zahlung der im Strafverfahren (adhäsionsweise) festgesetzten Ersatzzahlung verklagt. Die Rechtsprechung tendiert dazu, in solchen Fällen keine materielle Rechtskraft des Strafurteils anzunehmen, da weder Identität im Klagegrund (*res iudicata*) noch bezüglich der Personen bestehe.

2. Bezüglich der **Verjährung** dieses Direktanspruches enthält das Gesetz keine ausdrückliche Bestimmung. Art. 23 LCS schreibt nur fest, dass die Verjährungsfrist für abgeleitete Klagen aus dem Versicherungsverhältnis zwei Jahre beträgt. Die Lehre lehnt die Anwendung dieser Vorschrift auf den Direktanspruch jedoch ab. Es sollen dagegen die allgemeinen Verjährungsfristen gelten: ein Jahr für außervertragliche und fünf Jahre für vertragliche Ansprüche. Regionale Gesetze können hier eine andere Regelung vorsehen, so beträgt die Verjährungsfrist für Direktansprüche in Katalonien etwa drei Jahre.

5. Aussschlussgründe

1. Im Zusammenhang mit dem vorher behandelten Direktanspruch stellt sich auch die Frage, welche **Ausschlussgründe des Versicherers** (Einreden und Einwendungen) auch dem geschädigten Dritten entgegen gehalten werden können. Nach Art. 76 LCS kann der Versicherer Ausschlussgründe, die ihm aufgrund des Versicherungsvertrages gegen den Versicherten zustehen, nicht auch dem geschädigten Dritten entgegen halten.

2. In Ergänzung zu gewissen prozessualen Ausschlussgründen, die an dieser Stelle nicht ausführlicher behandelt werden können, hat der Versicherer die Möglichkeit, gegen den geschädigten Dritten nach Art. 76 Abs. 1 LCS zwei Arten von Ausschlussgründen zu erheben: Neben dem **ausschließlichen Verschulden des geschädigten Dritten** kann der Versicherer auch **persönliche Einreden** gegen Letzteren erheben (z.B. Aufrechnung, Vergleich oder Erfüllung). Bei der zweiten Kategorie handelt es sich demnach um Einreden, die sich aus dem persönlichen Verhältnis zwischen dem Berechtigten und dem Verpflichteten ergeben. Im Weiteren können sich auch Mängel, die den Versicherungsvertrag zwischen dem Versicherer und dem Versicherten betreffen (z.B. Nichtigkeit, Erlöschen des Versicherungsvertrages, usw.) auf den geschädigten Dritten (indirekt) auswirken.

Dem geschädigten Dritten können dagegen nicht Einreden oder Einwendungen entgegengehalten werden, die zu einer Auflösung des Versicherungsvertrages führen könnten, der Versicherer eine solche Auflösung im Zeitpunkt des Schadenseintritts aber noch nicht herbeigeführt hat. So kann der Versicherer dem Ersatzanspruch des geschädigten Dritten etwa weder eine Anzeigepflichtverletzung durch den Versicherungsnehmer noch den Verzug bei der Prämienzahlung oder eine verspätete Schadenmeldung entgegen halten. Eine vorsätzliche Schadensverursachung durch den Versicherten wird in der Regel bereits vertraglich vom Deckungsumfang einer Versicherung ausgeschlossen. Sollte dies nicht vertraglich stipuliert sein, so ist die Rechtsprechung in Spanien zurückhaltend, die *exceptio doli* (Einrede der Arglist) bei Ansprüchen gegen den Versicherer zuzulassen, was bedeutet, dass eine solche Einrede der Arglist in diesen Fällen auch dem geschädigten Dritten nicht entgegen gehalten werden kann.

3. Außer im Falle einer entgegenstehenden vertraglichen Abrede, ist der Versicherer verpflichtet, die **rechtliche Abwehr von Ansprüchen** des geschädigten Dritten gegen den Versicherten zu übernehmen, sofern der geschädigte Dritte diese Ansprüche gegen beide (Versicherer und Versicherten) geltend machen kann. In diesen Fällen nehmen der Oberste Gerichtshof sowie die Rechtsprechung ganz allgemein gesamtschuldnerische Haftung unter den Schuldnern an (siehe Art. 74 Abs. 1 LCS).

Ausgewählte Literatur

CALZADA CONDE, MARÍA ÁNGELES, *El seguro voluntario de responsabilidad civil*, Madrid, Montecorvo, 1983.

FONT SERRA, IGNACIO, "La oposición del asegurador a la acción directa del art. 76 de la Ley de contrato de seguro", *RGD* 1990, S. 6309 ff.

LA CASA GARCÍA, RAFAEL, *La mora del asegurador en la Ley de contrato de seguro*, Madrid/Barcelona, Marcial Pons, 2000.

LARRAYA RUIZ, LUIS JAVIER, *Las cláusulas limitativas de los derechos de los asegurados*, Pamplona, Aranzadi, 2001.

SÁNCHEZ CALERO, FERNANDO, (dir.), *Estudios sobre el aseguramiento de la responsabilidad civil en la gran empresa*, Madrid, 1994.

TAPIA HERMIDA, ALBERTO JAVIER, "Aspectos polémicos del seguro de responsabilidad civil. Reflexiones sobre la jurisprudencia reciente", *RDM*, Nr. 233, 1999, S. 977 ff.

III. Haftung für fremdes Verhalten

Nach einer Einleitung (1.) behandeln wir die Haftung der Eltern und der vormundschaftlichen Organe (2.), die Geschäftsherrenhaftung (3.) sowie die Haftung von Lehrern und weiterem Lehrpersonal (4.).

1. Einleitung. Verschuldensvermutung

1. Jemand kann zivilrechtlich sowohl für **eigenes** wie auch für **fremdes Verhalten** haftbar werden:

a. Direkte Haftung oder Haftung für eigenes Verhalten: In diesem Fall sind der Schädiger und die für den entstandenen Schaden haftende Person identisch;

b. Indirekte Haftung oder Haftung für fremdes Verhalten: In diesem Fall haftet eine Person - aufgrund Gesetz oder Vertrag - für den durch eine andere Person verursachten Schaden.

2. In diesem Sinne hält Art. 1903 Abs. 1 CC fest, dass die Verpflichtung zur Schadensersatzleistung nicht nur für eigene Handlungen und Unterlassungen eintritt, sondern auch für diejenigen Personen, für die man haften muss. Eine systematische Auslegung von Art. 1903 CC ergibt, dass es sich eigentlich nicht um eine Haftung für fremdes Verhalten, sondern um ein **Einstehenmüssen für eigenes Verschulden** handelt. Dies ergibt sich aus Art. 1903 Abs. 6 CC, wonach die Haftung für fremdes Verhalten entfällt, sofern es den erwähnten Personen gelingt, nachzuweisen, dass sie die Sorgfalt eines guten Familienvaters (*diligencia de un buen padre de familia*) beachtet haben, um den Schaden abzuwenden oder zu verhüten. In diesem Sinne verstanden, handelt es sich auch hier um eine Art der direkten Haftung, der Haftung für eigenes Verschulden. Aus dieser Überlegung ergibt sich, dass der geschädigte Dritte sich für seinen Ersatzanspruch direkt beim Verantwortlichen schadlos halten kann und seine Forderung folglich nicht vorab gegenüber dem materiellen Schadensverursacher (z.B. einem Kind, für dessen Verhalten die Eltern einzustehen haben) geltend machen muss.

3. Die Besonderheit von Art. 1903 CC im Verhältnis zu Art. 1902 CC besteht darin, dass im Falle der Haftung für fremdes Verhalten (Art. 1903 CC) eine **Verschuldensvermutung** existiert. Es gibt eine gesetzliche Verschuldensvermutung (*presunción iuris tantum*) zulasten der für fremdes Verhalten verantwortlichen Personen. Demzufolge (und in Abweichung von der allgemeinen Beweisregel) hat der geschädigte Dritte das Verschulden der Eltern, des Vormunds, des Geschäftsherrn (Unternehmers) oder des Lehrers nicht zu beweisen. Vielmehr sind es die erwähnten Personen, die nachzuweisen haben, dass sie kein Verschulden bei der Überwachung (*in vigilando*), der Auswahl (*in eligendo*) oder bei der Ausbildung und Erziehung (*in educando*) trifft. *Ratio legis* der Bestimmung von Art. 1903 CC und somit der Haftung für fremdes Verhalten ist die Absicht, dem geschädigten Dritten die Geltendmachung seines Ersatzanspruches zu sichern, da in der Regel davon auszugehen ist, dass die materiellen Schadensverursacher (z.B. Kinder, Bevormundete, usw.) über keine oder ungenügende finanzielle Mittel verfügen. Geht man von dieser *ratio legis* des Gesetzgebers aus, so ist nachvollziehbar, dass der Oberste Gerichtshof noch weiter geht, in dem er von der Voraussetzung des Verschuldens in Fällen der Haftung für fremdes Verhalten ganz abzusehen scheint und damit dazu tendiert, eine objektive Haftung anzunehmen (Urteile des Obersten Gerichtshofs, vom 30. Dezember 1992, RAJ Nr. 1992/10565, vom 29. März 1996; RAJ Nr. 1996/2203, vom 19. Juni 2000, RAJ Nr. 2000/5291).

Die Kommentatoren zu Art. 1903 CC präzisieren dagegen, dass die darin festgehaltenen Vermutungen abschließend aufgezählt seien und deshalb nicht um weitere Vermutungen erweitert werden können. Der Oberste Gerichtshof ist dieser Ansicht in einem Urteil vom 30. April 1969 gefolgt (RAJ Nr. 1969/2411). Anderseits hat der Oberste Gerichtshof erstmals mit seinem Entscheid (siehe oben) vom 23. Februar 1976 (RAJ Nr. 1976/880) und mehreren Folgeurteilen (Urteile des Obersten Gerichtshof vom 23. September 1988, RAJ Nr. 1988/6854; vom 1. Juni 1994, RAJ Nr. 1994/4568; vom 5. Oktober 1995, RAJ Nr. 1995/7020; vom 19. Juli 1996, RAJ Nr. 1996/5802) festgehalten, dass der in Art. 1903 CC erwähnte Kreis möglicher Haftpflichtiger um weitere Personen erweitert werden könne und es sich beim vom Gesetzgeber erwähnten Personenkreis nur um Beispiele handle. So hat der Oberste Gerichtshof etwa die Leihe eines Fahrzeuges, eine Gefälligkeit also, unter den Art. 1903 CC subsumiert (Urteile des Obersten Gerichtshofs, vom 23. Februar 1976, RAJ Nr. 1976/880; vom 19. Juli 1996, RAJ Nr 1996/5802).

2. Haftung der Eltern und des Vormundes

1. Nach Art. 1903 Abs. 2 CC sind die **Eltern** für von den unter ihrer Obhut stehenden Kindern verursachten Schäden verantwortlich (*los padres son responsables de los daños causados por los hijos que se encuentren bajo su guarda*). Diese Bestimmung ist in Verbindung mit Art. 154 CC zu sehen, der den Eltern die Pflicht auferlegt, über das Wohlbefinden ihrer Kinder zu wachen (*velar por sus hijos*) und namentlich für eine vollständige Bildung zu sorgen (*procurar una formación integral*).

2. Vormund: Der dritte Absatz von Art. 1903 CC befasst sich mit der Haftung der Vormünder für Schäden, welche von minderjährigen oder für geschäftsunfähig erklärten Personen, die unter deren Gewalt stehen und mit ihnen zusammen wohnen, verursacht worden sind. Auch diese Gesetzesnorm ist im Zusammenhang mit den Bestimmungen über das Vormundschaftsrecht zu sehen, so insbesondere mit Art. 269 CC, der bestimmt, dass der Vormund verpflichtet ist, über das Wohlbefinden seines Mündels zu wachen und namentlich für eine vollständige Bildung zu sorgen.

3. Bei der Haftung der Eltern und des Vormundes handelt es sich um eine **direkte Haftung**, da diese im Umgang mit den unter ihrer Obhut stehenden Personen nicht die nötige Sorgfalt und Vorsicht walten ließen (Art. 1903 Abs. 6 CC). Es ist allerdings beizufügen, dass sich die Eltern oder der Vormund nach dem Gesetzestext exkulpieren können, sofern ihnen der Nachweis gelingt, dass sie in ihrem (schädigenden) Verhalten die Sorgfalt eines umsichtigen Familienvaters (*diligencia de un buen padre de familia*) angewandt haben. Wer entschädigt in diesem Fall den Geschädigten? Ein Teil der Lehre vertritt die Ansicht, dass die unmündige oder urteilsunfähige Person gesamtschuldnerisch mit ihren Eltern oder ihrem Vormund haftet. Sofern der Unmündige oder Urteilsunfähige über ein eigenes Vermögen verfügt (Kindesvermögen oder Mündelvermögen), würde es den haftenden Eltern frei stehen, eine Rückgriffsklage gegen die urteilsunfähige oder unmündige Person zu ergreifen.

4. Es ist zwischen der Verantwortlichkeit der Eltern und jener des Vormundes zu unterscheiden. Bezüglich der **Elternhaftung** muss folgendes präzisiert werden:

- der Sohn oder die Tochter muss unter der Obhut der Eltern stehen;

- alle Eltern können haftbar werden, unabhängig davon, ob es sich um die natürlichen Eltern, Adoptiveltern, zusammen oder getrennt lebenden Eltern handelt;
- im Falle der Ehenichtigkeit, der Scheidung oder (rechtlichen) Trennung, unterliegt jener Elternteil den spezifischen Haftungsbestimmungen, dem die elterliche Obhut des unmündigen Kindes übertragen worden ist. Sofern aber der andere Elternteil, dem die elterliche Sorge entzogen worden ist, bei der Erziehung des Kindes mitgewirkt hat, ist es möglich, ihn für ein Verschulden in der Ausbildung und Erziehung (*culpa in educando*) haftbar zu machen.
- Es ist darüber hinaus auch denkbar, dass der nicht obhutsberechtigte Elternteil im Rahmen seines Besuchsrechts (und seines allgemeinen Rechts, mit dem Unmündigen in Kontakt zu bleiben) ein Verschulden bei der Überwachung des Kindes (*culpa in vigilando*) zu vertreten hat und darauf gestützt haftbar werden kann.

5. Auch bezüglich der **Haftung des Vormundes** muss auf einige Punkte hingewiesen werden:

- Falls mehrere Personen das Amt des Vormundes bekleiden, so etwa ein Vormund für die persönlichen Belange und ein anderer Vormund für die Vermögensbelange des Mündels, können alle haftbar werden, sofern die Zuständigkeiten nicht klar abgegrenzt sind;
- Wurde kein Vormund bestimmt, so können jene Personen dem Geschädigten haftbar werden, die gesetzlich verpflichtet gewesen wären, eine Vormundschaft zu begründen (Art. 229 Abs. 1 CC);
- Die Bestimmungen über die Haftung des Vormundes finden auch auf den Amtsvormund (*tutela institucional*) Anwendung.

6. Zurzeit ist eine klare **Tendenz** in der Rechtsprechung zur **Objektivierung** der Haftung der Eltern und des Vormundes feststellbar. So hält der Oberste Gerichtshof mit Urteil vom 22. September 1984 fest, dass die besondere Haftungsnorm unabhängig vom Grad der Urteilsfähigkeit der Person unter Obhut Anwendung findet (RAJ Nr. 1984/4332). Einige Urteile spielen sogar ausdrücklich auf die Haftung der Eltern für die Erzeugung eines bestimmten Risikos an (Urteile des Obersten Gerichtshofs vom 17. Juni 1980, RAJ Nr. 1980/2490; vom 10. März 1983, RAJ Nr. 1983/1469).

7. Sofern der Schaden durch die Verübung eines **strafrechtlichen Verbrechens oder Vergehens** verursacht worden ist, müssen auch die einschlägigen Bestimmungen des spanischen Strafgesetzbuches sowie des LRPM berücksichtigt werden. Diese Bestimmungen unterscheiden zwischen:

a. Unmündigen: Art. 61 Abs. 3 LRPM begründet eine Gesamtschuld zwischen dem Unmündigen, seinen Eltern, seinem Vormund oder seinen Erziehern. Die Verantwortlichkeit dieser Personen kann durch das schuldhafte Verhalten des Unmündigen gemildert werden und zu einer Klage gegen den Unmündigen Anlass geben.

b. Bei **Urteilsunfähigen** muss zwischen den folgenden Möglichkeiten unterschieden werden:

i. Sofern der ***straffällige Unmündige*** strafmündig und urteilsfähig ist, hat er sich auch deliktsrechtlich zu verantworten;

ii. Bei ***urteilsunfähigen Unmündigen*** ist ferner zu unterscheiden:

- Eine Person, die strafmündig und zugleich nicht entmündigt ist, kann auch deliktsrechtlich haftbar sein;
- Bei einer Person, die strafmündig, aber zugleich entmündigt ist, findet Art. 120 Abs. 1 CP Anwendung. Diese Gesetzesbestimmung hält fest, dass die Eltern oder der Vormund zivilrechtlich subsidiär für die von mündigen, über 18-jährigen Personen, die weiterhin unter der elterlichen Sorge oder der Vormundschaft stehen, verursachten Schäden verantwortlich sind. Dies gilt allerdings nur sofern, als diese erwachsenen Personen mit den Eltern oder dem Vormund leben.
- Ist die den Schaden verursachende Person nicht strafmündig, so besteht eine direkte und solidarische Haftung zwischen der unzurechnungsfähigen, unmündigen Person und den Eltern oder dem Vormund (Art. 118 Abs. 1 CP). Das Gericht hat dabei die Möglichkeit, entsprechend der vorhandenen Vermögenswerte Haftungsquoten zu bestimmen.

3. Geschäftsherrenhaftung

3.1. Grundlagen

1. Art. 1903 Abs. 4 CC bestimmt, dass **Geschäftsführer, Inhaber oder Direktoren von Firmen oder Unternehmen** für die durch ihre Angestellten im Rahmen der mit ihrer Anstellung oder Funktion zusammen hängenden Verrichtungen verursachten Schäden haftbar werden.

2. Entgegen dem Wortlaut von Art. 1903 Abs. 4 CC qualifizieren die neuere Rechtsprechung und Lehre die Geschäftsherrenhaftung als **strikte Kausalhaftung (objektive Haftung)**, also als Gefährdungshaftung. Der klare Wortlaut der Haftungsbestimmung lässt allerdings eine strikte Anwendung der von Lehre und Rechtsprechung vertretenden Auffassung nicht zu. So kann sich der Geschäftsherr nach Art. 1903 Abs. 6 CC von seiner Haftung exkulpieren, wenn er nachweist, selbst mit der geforderten Sorgfalt gehandelt zu haben. Seit kurzem wird allerdings von der Lehre eine dritte Meinung vertreten, wonach ein Fall der Haftung für fremdes Verschulden (*responsabilidad vicaria, vicarious liability*) vorliege. Nach diesem, im angel-sächsischen Rechtskreis seit langem angewandten Konzept, gewährleistet der Geschäftsherr gegenüber Dritten (z.B. Kunden) die Berichtigung der ausgeführten Arbeit, wobei der Geschäftsherr nicht (nur) für sein eigenes Verschulden haftet, sondern eben auch die korrekte Ausführung des Auftrages durch seine Mitarbeiter garantiert.

Nach Art. 120 CP ist die Verantwortlichkeit des Unternehmers oder Geschäftsherrn subsidiär.

3. Dem Geschädigten steht es dabei frei, seinen Schadensersatz vom Unternehmer, dessen Angestellten oder aber von beiden Parteien einzufordern. Es besteht **Anspruchskonkurrenz.** Damit der Geschäftsherr haftbar wird, muss eine doppelte Voraussetzung gegeben sein:

a. Bestehen eines Arbeitsverhältnisses: Zunächst muss zwischen dem Geschäftsherrn (dem Haftpflichtigen) und seinem Mitarbeiter (dem Schädiger) ein Arbeitverhältnis bestehen (*dependencia profesional o laboral*). Der Geschädigte kann sich nicht auf Art. 1903 CC berufen, wenn es sich beim Schädiger nicht um einen Angestellten des Geschäftsherrn handelt. Allerdings ist darauf hinzuweisen, dass die Voraussetzung des bestehenden Arbeitsverhältnisses eher weit auszulegen ist und nicht unbedingt ein Arbeitsvertrag vorhanden sein muss. Irgendeine juristische Beziehung zwischen dem Arbeitgeber und dem Mitarbeiter, die einen Arbeits- oder Berufscharakter hat, reicht aus.

b. Tätigkeit im Rahmen dieses Arbeitsverhältnisses (*desempeño de funciones o servicios*). Der Geschäftsherr kann nur für die Ausübung von Tätigkeiten des Mitarbeiters haftbar gemacht werden, die in einem funktionalen Zusammenhang mit dem oben erwähnten Arbeitsverhältnis stehen. Nur solche Tätigkeiten, die tatsächlich in einem sachlichen Zusammenhang mit der Ausübung des Arbeitsverhältnisses stehen, vermögen eine Haftung zu begründen.

4. Eine weitere Besonderheit ist sodann im Rahmen der Haftung des Geschäftsherrn zu berücksichtigen: Der Wortlaut von Art. 1903 Abs. 6 CC **vermutet** bei einer **Haftung des Geschäftsherrn** dessen **Verschulden bei der Auswahl** (*in eligendo*) oder der **Überwachung** (*in vigilando*). Relevant ist jedoch auch Art. 1904 Abs. 1 CC, wonach derjenige (= Geschäftsherr), der für den Schaden aufkommt, der von seinen Angestellten verursacht worden ist, von diesen zurück fordern kann, was er entrichtet hat. Auf diese Weise hat ein Unternehmer, der die geschädigte Person schadlos gehalten hat, die Möglichkeit, die gezahlte Ersatzleistung vom Schadensverursacher, d.h. von seinem Mitarbeiter, zurückzufordern. Es stellt sich natürlich die Frage, in welchem Umfang der Unternehmer, den selbst ein Verschulden trifft, auf seinen Mitarbeiter Rückgriff nehmen und sich die bereits bezahlte Summe zurück vergüten lassen kann. Auf den ersten Blick scheinen sich die Art. 1903 CC und 1904 CC zu widersprechen: Einerseits statuiert Art. 1904 CC in unwiderlegbarer Weise, dass der Unternehmer auch dann für das Verschulden seiner Arbeitnehmer oder anderer Hilfspersonen einzustehen hat, wenn ihn selbst kein Verschulden treffe. Nach einer Lehrmeinung kann der Geschäftsherr allerdings nur jenen Teil von seiner Hilfsperson zurück fordern, der dem Verschuldensanteil entspricht, der tatsächlich der Hilfsperson zugeordnet werden kann. Dieser an und für sich überzeugenden Lehrmeinung steht jedoch der klare Wortlaut von Art. 1904 Abs. 1 CC entgegen, wonach der Geschäftsführer den von ihm beglichenen, aber von seinen Arbeitnehmern verursachten Schaden zurück fordern kann. Dieser Wortlaut bezieht sich also auf die gesamte Summe, die vom Geschäftsherrn gezahlt worden ist und nicht nur auf jenen Anteil, der dem Verschulden des Angestellten entspricht.

Trotzdem vertritt eine neue Lehrmeinung die Ansicht, dass die Haftung des Geschäftsherrn eine Haftung für fremdes Verschulden (*responsabilidad vicaria, vicarious liability*) sei, die in erster Linie dazu diene, den geschädigten Dritten vor der möglichen Zahlungsunfähigkeit der (selbst haftpflichtigen) Angestellten zu schützen.

3.2. Arbeitsunfall-Entschädigung

1. Der Erwähnung bedarf sodann die im Falle eines **Arbeitsunfalls** geschuldete Entschädigung. Es stellt sich nämlich die Frage, ob diese von der spanischen Sozialversicherung (*seguridad social*) getragene Entschädigung zusätzlich (kumulativ) zu dem vom Geschäftsherrn zu entrichtenden Schadensersatz bezahlt werden muss. Nach dem Allgemeinen Gesetz über die Soziale Sicherheit (*Real Decreto Legislativo 1/1994, de 20 de junio, por el que se aprueba el texto refundido de la Ley General de la Seguridad Social,* BOE Nr. 154, vom 29. Juni 1994. Abkürzung: "LGSS"), hat das Opfer eines Arbeitsunfalls Anrecht auf die nachfolgenden Entschädigungen:

- Entschädigung aufgrund seiner Zugehörigkeit zur spanischen Sozialversicherung (Art. 97 LGSS);
- Nach Art. 123 LGSS einen Zuschlag auf die Entschädigung, die sich aus dem Arbeitsunfall oder der Berufskrankheit ergibt;
- Weitere, vom Arbeitgeber freiwillig gewährte Verbesserungen der (ökonomischen) Arbeitsbedingungen, die sich entweder aus dem Einzelarbeitsvertrag oder aber aus dem anwendbaren Manteltarif (*convenio colectivo*) ergeben können.

Falls der Geschäftsherr aufgrund von Art. 109 ff. CP für die Begehung eines Verbrechens oder Vergehens verurteilt worden ist, das kausal für den Schaden des verunfallten Arbeiters ist, stellt sich im Weiteren die Frage, ob der Angestellte gegen den Geschäftsherrn gestützt auf Art. 109 ff. CP oder aber gestützt auf Art. 1903 CC vorgehen kann.

2. **Sozialversicherungsleistungen** sind dabei unabhängig davon geschuldet, ob der Geschäftsherr oder ein anderer Dritter dem Leistungsberechtigten zivilrechtlich haftet. Sozialversicherungsleistungen sollen der geschädigten Person im Schadenfall nämlich eine minimale Deckung gewähren, unabhängig davon, ob dieser allenfalls (zusätzliche) Zivilansprüche geltend machen kann.

Bis zum Urteil vom 8. Oktober 2001 hat der Oberste Gerichtshof (Erste Kammer, Zivilabteilung, CCJC Nr. 59, S. 520) an der oben skizzierten Auffassung festgehalten, wonach die zivil- und arbeitsrechtlichen (sozialversicherungsrechtlichen) Entschädigungen kompatibel, d.h. kumulierbar seien. Das Gericht vertrat die Auffassung, dass eine Schadensersatzzahlung, die aufgrund der Art. 1902 und 1903 CC geleistet werde, absolut unabhängig von jeder anderen Entschädigung sei, welche die durch einen Arbeitsunfall oder eine arbeitsbedingte Krankheit geschädigte Person (vorab von der Sozialversicherung) erhalte. Die Sozialversicherungsabteilung (4. Kammer) des Obersten Gerichtshofs geht zwar grundsätzlich auch von der Kumulierbarkeit der arbeits- und haftpflichtrechtlichen Leistungen aus, allerdings nur insofern, als der vom Arbeitnehmer erlittene Schaden (im Sinne einer Vermögensdifferenz) nicht überschritten wird. Die Schadensersatzzahlung soll mit anderen Worten komplementär zu den sozialversicherungsrechtlichen Leistungen sein. Der von der haftpflichtigen Person geschuldete Schadensersatz wird somit um den Betrag der Sozialversicherungsleistungen gekürzt (Urteile des Obersten Gerichtshofs vom 30. September, 1997; vom 2. Februar 1998, vom 24. Oktober 1998, vom 10. Dezember 1998; vom 17. Februar 1999; vom 22. Juni 2001).

Im Jahr 2001 hat die Zivilrechtskammer des Obersten Gerichtshofs damit begonnen, ihre Haltung bezüglich der Kumulierbarkeit zu überprüfen und sie jener der Sozialversicherungskammer anzugleichen.

4. Haftung von Lehrern und Lehranstalten

1. 1991 wurden die Bestimmungen zur außervertraglichen Haftung der Lehrer und Lehranstalten revidiert. Der revidierte Art. 1903 Abs. 5 CC lautet wie folgt: "Die Personen oder Einrichtungen, die ein Ausbildungslehrzentrum für Jugendliche betreiben, haften für Schäden und Nachteile, die ihre minderjährigen Schüler während der Zeiträume verursachen, während derer sie sich unter der Kontrolle oder Aufsicht des Lehrkörpers des Zentrums befinden und dabei unterrichtsbezogene oder nicht unterrichtsbezogene sowie zusätzliche Tätigkeiten entfalten". Demnach werden nicht die Lehrer selbst haftbar, sondern die **Betreiber des Lehrzentrums** (natürliche oder juristische Personen). Bei den mit dieser Haftungsnorm ins Visier genommenen Lehrzentren handelt es sich um private Organisationen. Staatliche Bildungseinrichtungen unterliegen dagegen der Staatshaftung (Urteil des Obersten Gerichtshofs vom 7. März 2001, RAJ Nr. 2001/3974).

2. Wie sich bereits aus dem zitierten Gesetzestext ergibt, greift diese Haftungsnorm nur während der Zeit, in der sich die minderjährigen Kinder unter der **Kontrolle oder Aufsicht des Lehrkörpers** befinden. Damit werden auch außerschulische oder Zusatztätigkeiten erfasst, wie etwa die verschiedenen Pausen im Lehrbetrieb.

3. Daraus kann grundsätzlich gefolgert werden, dass sich die Betreiber von Lehrzentren und Lehranstalten der unteren Stufen (*nota bene* in Lehrzentren für Jugendliche) unter Berufung, sie hätten mit der Sorgfalt eines guten Familienoberhauptes gehandelt, von der Haftung zu exkulpieren vermögen. Daher gilt die gesetzliche **Verschuldensvermutung** (*presunción iuris tantum*) auch hier, diesmal zulasten des Betreibers der Lehranstalt. Trotz des Gesagten bleibt der Grundgedanke der *culpa in vigilando o in educando* weiterhin spürbar.

4. Ungeachtet der Haftungsnorm von Art. 1903 Abs. 5 CC besteht eine **Rückforderungsklage** gegen die mit der Aufsicht oder Kontrolle der Kinder oder Jugendlichen betrauten Lehrperson, sofern diese bei der Ausführung der ihnen übertragenen Aufgaben vorsätzlich oder grob fahrlässig gehandelt hat und dies zum Schaden und zur Zahlung desselben durch den Betreiber geführt hat (vgl. Art. 1904 Abs. 2 CC). Eine so geartete Rückforderungsklage besteht dagegen nicht zugunsten des Geschäftsherrn gegen seinen Mitarbeiter. Zumindest auf den ersten Blick gibt es keine sachlogische Erklärung für diese Differenz.

Ausgewählte Literatur

GARCÍA VICENTE, EDUARDO, „La responsabilidad civil de los padres por actos del hijo menor: causas de exoneración" *ADC*, 1984, S. 1033 ff.

GÓMEZ CALLE, ESTHER, *La responsabilidad civil de los padres*, Madrid, Montecorvo, 1992.

GORELLI HERNÁNDEZ, JUAN, *Responsabilidad patrimonial del empresario derivada de riesgos profesionales*, Madrid, Tecnos, 2006.

LUQUE PARRA, MANUEL, *La responsabilidad civil del empresario en materia de seguridad social y salud laboral*, Madrid, CES, 2002.

MUÑOZ NARANJO, ALFREDO, *La responsabilidad civil de los docentes*, Barcelona, Praxis, 1999.

ROCA TRÍAS, ENCARNA, "Resarcir o enriquecer. La concurrencia de indemnizaciones por un mismo daño", *Libro Homenaje al Prof. Albaladejo*, B. II, S. 4251 ff.

SAN JULIÁN PUIG, VERÓNICA, *De la responsabilidad civil de los maestros a la responsabilidad civil del titular del centro docente*, Barcelona, Bosch, 2000.

IV. Haftung für Persönlichkeitsverletzungen

1. Persönlichkeitsrechte

Durch die Persönlichkeitsrechte werden die grundlegenden Güter und Werte einer Person, die so genannten "**Persönlichkeitsgüter**", geschützt. Die Persönlichkeitsrechte schützen konkrete Darstellungsformen der Persönlichkeit und können als subjektive Rechte angesehen werden, da sie die Wünsche und Bedürfnisse des Menschen betreffen. Diese Rechte sind untrennbar mit der Person verbunden und beinhalten folgende Aspekte:

- Sie sind **unübertragbar**: Es besteht keinerlei Anspruch auf Übertragung dieser Rechte auf eine andere Person;
- Sie sind **unverfügbar**: abgesehen von teilweisen und konkreten Verfügungen (z.B. bezüglich der Verwendung des eigenen Bildes oder von Körperteilen zu bestimmten Zwecken wie etwa der Organspende);
- Sie sind **unabdingbar**: Die Person kann die Rechte nicht ablegen, obwohl der Verzicht in konkreten Fällen und bei bestimmten Anlässen möglich ist (z.B. Bild, Ehre);
- Sie sind **unverjährbar**: Es gelten weder Fristen noch Zeiten für die Ausübung dieser Rechte, obwohl es für die Ausübung bestimmter Handlungen zur Verteidigung dieser Rechte durchaus Fristen gibt.

2. Schutz der Ehre und Recht am eigenen Bild

1. Im Allgemeinen sind diese **Rechte unabdingbar, unantastbar und unverjährbar**. Der Verzicht auf ihren Schutz ist nichtig (Art. 1 Abs. 3 LO 1/1982, vom 5. Mai, *de protección civil del derecho al honor, a la intimidad personal y familiar y a la propia imagen*; BOE Nr. 115, vom 14. Mai 1982. Abkürzung: "LO 1/1982"). Auf der anderen Seite reicht die Zustimmung der berechtigten Person aus (Art. 2 Abs. 2 LO 1/1982). Es scheint ein gewisser Gegensatz zu bestehen zwischen dem unzulässigen Verzicht und der Möglichkeit des Betroffenen, Einschränkungen in seine Rechte zu akzeptieren. In Lehre und Rechtsprechung ist man jedoch zu einer Lösung gekommen, die besagt, dass die Zustimmung sich auf eine konkrete Handlung innerhalb der Privatsphäre beziehen muss, und dies nicht bedeutet, dass die Zustimmung auf unbestimmte Dauer erteilt worden ist. Jede Person kann das Profil ihrer Privatsphäre nach eigenem Ermessen ändern. Dies erklärt, warum der allgemeine und absolute Verzicht auf die Privatsphäre zwar nichtig ist, konkrete Verfügungen jedoch trotzdem möglich sind.

2. Drei **Kriterien** bestimmen in Art. 2 Abs. 1 den Schutzbereich des Gesetzes LO 1/1982: das Gesetz, die gesellschaftlichen Normen und das Verhalten der jeweiligen Person. Die "gesellschaftlichen Normen" sind immer dann ein Kriterium, wenn sie keine gegenteiligen Auswirkungen auf die Ziele der gesetzlichen Regelungen haben. Die "gesellschaftlichen Normen" können dafür entscheidend sein, ob ein bestimmter Eingriff zu einem bestimmten Zeitpunkt unrechtmäßig und zu einem anderen Zeitpunkt rechtmäßig ist, aber sie können einen konkreten Eingriff nicht als rechtmäßig für eine Person und unrechtmäßig für eine andere Person erklären, da das Prinzip der Gleichheit hier einen klaren rechtlichen Rahmen vorgibt. Das **Verhalten der jeweiligen Person** legt den Bereich fest, den die Person als Privatsphäre erachtet, was jedoch nicht bedeutet, dass auf den Schutz durch das Gesetz verzichtet wird. Dieses Kriterium sollte außerdem mit der Lehre vom *venire contra factum proprium* und dem Grundsatz von Treu und Glauben verknüpft werden.

3. Die jeweilige Person kann ihre **Zustimmung** (Einwilligung) für den Eingriff in diese Rechte erteilen, die Zustimmung kann vorher oder nachher erfolgen, muss aber in jedem Fall ausdrücklich stattfinden. Die Zustimmung kann gegen Entgelt oder kostenlos erteilt werden und muss sich auf konkrete und bekannte Tatsachen beziehen. Sie muss vom Rechtsinhaber getätigt werden und ist widerruflich (Art. 2 Abs. 2 und Art. 2 Abs. 3 LO 1/1982). Im Falle eines Widerrufs besteht jedoch eine Schadensersatzpflicht (Art. 2 Abs. 3 LO 1/1982 in Verbindung mit Art. 1902 CC). Die Zustimmung muss restriktiv ausgelegt werden (Urteil des Obersten Gerichtshofs vom 31. Januar 1997, RAJ Nr. 1997/847).

2.1. Antrag auf Schutz

1. Zum Antrag auf Schutz berechtigt ist zunächst die **jeweilig betroffene Person**, sofern sie noch am Leben ist.

2. Bezüglich der Rechte einer **verstorbenen Person** (ihr Andenken), die eine Klage nicht mehr einreichen konnte oder diese vor dem

Tod eingeleitet hat, sind (werden) die folgenden Personen legitimiert: (i) die im Testament angegebene Person; (ii) in Ermangelung einer solchen Person oder im Todesfall dieser Person, der Ehepartner, Nachkömmlinge und Verwandte der aufsteigenden Linie oder Geschwister, die zum Zeitpunkt des Todes derjenigen Person noch am Leben sind; (iii) in Ermangelung dieser Personen die Staatsanwaltschaft. Im Falle der Staatsanwaltschaft sowie im Falle der im Testament angegebenen juristischen Person kann nur dann Klage erhoben werden, wenn nicht mehr als 80 Jahre seit dem Tod der Person vergangen sind (Art. 4 Abs. 3 LO 1/1982).

2.2. Inhalt des Schutzes

1. Der **juristische Schutz** beinhaltet die Annahme aller notwendigen Maßnahmen zur Beendung des unrechtmäßigen Eingriffs, zur Wiederherstellung der vollständigen Ausübung der Rechte des Geschädigten sowie zur Verhinderung möglicher nachfolgender Eingriffe. Zu diesen Maßnahmen gehört die sofortige Einstellung des unrechtmäßigen Eingriffs, das Recht auf Widerspruch, die Veröffentlichung des Urteils sowie die Schadensersatzpflicht (Urteil des Obersten Gerichtshofs vom 8. Juli 2004, RAJ Nr. 2004/5112).

2. Von einem **Schaden** wird ausgegangen, wenn ein unrechtmäßiger Eingriff festgestellt wird. Dahingehend besteht eine Rechtsvermutung (*praesumptio iuris et de iure*; vgl. etwa das Urteil des Obersten Gerichtshofs vom 4. November 1986, RAJ Nr. 1986/6205).

3. Der im zitierten Gesetz erwähnte **Schadensersatz** bezieht sich auf den **ideellen Schaden**, der an den Umständen jedes Falles und der Schwere der jeweiligen Verletzung gemessen wird. Die Höhe des Schadensersatzes für den ideellen Schaden obliegt dem freien Ermessen der zuständigen Spruchbehörde. Es handelt sich um eine zivilrechtliche objektive Haftung (Kausalhaftung). Art. 9 Abs. 3 LO 1/1982 stellt zwei Arten von **Bemessungskriterien** in Hinblick auf diesen ideellen Schaden auf:

a. Subjektive Kriterien: Solche subjektiven Kriterien sind etwa der vom Schadenverursacher zu vertretene Verschuldensgrad, der Ruf der in ihrer Persönlichkeit verletzten Person, ihre persönlichen Umstände sowie eine allfällige Provokation seitens des Opfers.

b. Objektive Kriterien: Objektive Bemessungskriterien sind dagegen etwa das für die Persönlichkeitsverletzung verwendete Medium und die Größe des damit erreichten Publikums sowie der erzielte Gewinn und die dadurch entstandene ungerechtfertigte Bereicherung zugunsten des Verursachers der Verletzung. Dieser "Vorteil" muss dem Opfer "zurückerstattet" werden. Die unrechtmäßige Ausübung eines fremden Rechtes darf nicht kostengünstiger sein als die rechtmäßige Ausübung. Der Gewinnüberschuss muss abgeschöpft werden. Die in ihrer Persönlichkeit verletzte Person kann folglich auf Gewinnherausgabe klagen.

Die Rechtslehre bietet in einem solchen Fall folgende Möglichkeiten an: die Nutzung der strafenden Funktion des Schadensrechts in Zusammenhang mit der kompensierenden Funktion des Schadensersatzes (*punitive damages*) oder die Anwendung der Theorie der ungerechtfertigten Bereicherung, nach welcher der Geschädigte eine Entschädigung erhält, die der Summe entspricht, die er besitzen würde, wenn es nicht zum schädigenden Ereignis gekommen wäre. Er erhält jedoch nicht mehr, da er sich am Schadensersatz nicht bereichern darf.

4. Artikel 65 des Pressegesetzes (*Ley 14/1966, de 18 de marzo, de prensa e imprenta*; BOE Nr. 67, vom 19. März 1966) erkennt die **gesamtschuldnerische Haftung** des **Mediendirektors** sowie des **Autors, Herausgebers, Druckers, Importeurs** oder **Vertriebshändlers** ausländischer Druckerzeugnisse an (Urteile des Obersten Gerichtshofs vom 23. März 1987, RAJ Nr. 1987/ 1716; vom 1. Dezember 1987, RAJ Nr. 1987/ 9173; vom 7. März 1988, RAJ Nr. 1988/1603; vom 30. April 1990, RAJ Nr. 1990/2808; vom 30. Oktober 1991, RAJ Nr. 1991/7253; vom 20. Mai 1993, RAJ Nr. 1993/3810; vom 24. September 1998, RAJ Nr. 1998/ 7066). Art. 120 CP weist auf die subsidiäre Haftung hin. Nach Artikel 37 des Pressegesetzes hat der Direktor ein Vetorecht hinsichtlich der Veröffentlichung und Verbreitung bestimmter Tatsachen.

5. Ist die handelnde Person nicht Träger des verletzten Rechts, sind die in Art. 4 Abs. 2 LO 1/1982 genannten Verwandten der verstorbenen Person **Empfänger des Schadensersatzes** in der Höhe des Strafmaßes; nach den in Art. 6 LO 1/1982 gegebenen Voraussetzungen sind es die Erben. Art. 9 Abs. 5 LO 1/1982 besagt, dass der Anspruch vier Jahre nach Beginn seiner möglichen Ausübung durch die legitimierte Person verjährt.

3. Verarbeitung von Personendaten

1. Das spanische Datenschutzgesetz (*Ley Orgánica 15/1999, de 13 de diciembre, de Protección de Datos de Carácter Personal*; BOE Nr. 298, vom 14. Dezember 1999. Abkürzung: "LOPD") bezweckt den Schutz des Individuums vor der unbefugten Sammlung und Bearbeitung von Personendaten. Das Gesetz stellt die Umsetzung der Richtlinie 95/46/EG des Europäischen Parlaments und des Rates vom 24. Oktober 1995 zum Schutz natürlicher Personen bei der Verarbeitung personenbezogener Daten und zum freien Datenverkehr dar. Mit dem Königlichen Dekret Nr. 1720, vom 21. Dezember 2007 wurde schliesslich die Ausführungsverordnung zum LOPD (*LO 15/1999, de 13 de diciembre, de protección de datos de carácter personal*; BOE Nr. 17, vom 19. Januar 2008) erlassen.

Der Betroffene hat das Recht, über die Nutzung elektronischer Dateien oder Datensammlungen, die seine persönlichen Daten (Personendaten) enthalten, bestimmen zu können. Die **Zustimmung** (Einwilligung) und die **Selbstbestimmung** des Betroffenen werden denn auch als allgemeine gesetzliche Grundsätze erkannt (Art. 6 LOPD).

2. Das LOPD gewährt bei der Erstellung von Dateien bzw. der Aufnahme von Daten in Datensammlungen viele Freiheiten. Das Gesetz sieht daher zugunsten der Geschädigten ein objektives Haftungssystem bei Schäden vor, die durch die unbefugte oder unbewilligte Nutzung von Personendaten des Betroffenen entstehen können. Das Gesetz hat die Figur der für die Datensammlung (*responsables de los ficheros*) beziehungsweise für die Datenbearbeitung (*encargados de los tratamientos*) verantwortlichen Personen geschaffen. Diese Personen haften für jegliche Missachtung der Rechte des Betroffenen, unabhängig davon, wer diese "Missachtung" tatsächlich verursacht oder begangen hat (Art. 19 i.V.m. Art. 43 LOPD).

3.1. Rechte des Betroffenen

1. Zugang: Der Betroffene hat das Recht, sich über seine persönlichen Daten (Personendaten), die möglicherweise in eine Datensammlung aufgenommen worden sind, zu erkundigen. Im Weiteren kann er gegebenenfalls die Löschung (*cancelación*) oder Berichtigung (*rectificación*) seiner persönlichen Daten verlangen (Art. 15-17 LOPD). Das Recht auf

Zugang wird grundsätzlich nur in Abständen von mindestens 12 Monaten gewährt, außer wenn besonders schützenswerte Interessen auf dem Spiel stehen (Art. 15 Abs. 3 LOPD).

2. Berichtigung und Löschung: Dieses Recht wird dem Betroffenen im Fall einer fehlerhaften oder unvollständigen Eintragung von persönlichen Daten (Personendaten) in die Datensammlung zugestanden (Art. 16 Abs. 2 LOPD). Dem Betroffenen, dessen Einsichtsrecht nach Art. 5 LOPD verweigert worden ist, steht ebenfalls das Recht zu, die Löschung von Personendaten zu verlangen, die ohne seine Einwilligung von einer Datensammlung erfasst worden sind. Zudem kann der Betroffene auch die Löschung verlangen, wenn der Zweck erfüllt ist, zu welchem die Daten in die Datensammlung aufgenommen worden sind.

3. Entschädigung durch die für die Datensammlung verantwortliche Person (Art. 19 LOPD). Das Gesetz schafft kein vollständig objektives Haftungssystem. Im Falle der Abänderung, des Verlusts oder der unerlaubten Nutzung von Personendaten kann sich die für die Datensammlung oder Datenverarbeitung verantwortliche Person (*el responsable de los ficheros o el encargado del tratamiento*) von ihrer Schadensersatzpflicht nämlich befreien, sofern sie nachzuweisen vermag, dass sie die von ihr erwartete Sorgfalt (*diligencia del buen padre de familia*) gewährleistet hat, um den Schaden abzuwenden. Die Beweislast obliegt dabei der für die Datensammlung oder Datenverarbeitung verantwortlichen Person (Exkulpationsbeweis). Diese Voraussetzungen fallen unter die subjektive Haftung (Verschuldenshaftung).

In allen übrigen Fällen schafft das Gesetz eine (rein) objektive Haftung: es handelt sich hierbei um die ungerechtfertigte Aufnahme von Daten, die Nutzung ohne Einwilligung, den zweckfremden Gebrauch oder Nutzung der Daten, die nicht erfolgte Löschung nach Erfüllung des Zwecks, die nicht erfolgte Aktualisierung der Daten sowie die unerlaubte Weitergabe der Daten.

4. Anfechtung von "Bewertungen", die ausschließlich auf elektronischen Dateien beruhen (Art. 13 LOPD). Der Betroffene hat das Recht, administrative Vorgänge oder private Entscheidungen, die eine Bewertung seines Verhaltens beinhalten, anzufechten, wenn diese Bewertung auf der alleinigen Grundlage einer elektronischen Nutzung persönlicher Daten mit dem Ziel erfolgt, eine Definition seiner Charaktereigenschaften oder seiner Persönlichkeit abzugeben.

3.2. Einspruch

Bei Zuwiderhandlungen gegen das LOPD kann bei der Datenschutzbehörde (*Agencia de Protección de Datos*) Einspruch erhoben werden (Art. 17 LOPD). Es handelt sich hierbei um ein Verwaltungsverfahren. Eine Schadensersatzklage im Zusammenhang mit der Verletzung datenschutzrechtlicher Bestimmungen muss dagegen vor einem Zivilgericht geltend gemacht werden (Art. 5 LOPD).

Ausgewählte Literatur

ABA CATOIRA, ANA MARÍA, *La limitación de los derechos fundamentales por razón del sujeto*, Madrid, 2001.

GRIMALT SERVERA, PEDRO, *La protección civil de los derechos al honor, a la intimidad y a la propia imagen*, Iustel, Madrid, 2007.

GRIMALT SERVERA, PEDRO, *La responsabilidad civil en el tratamiento automatizado de datos personales*, Comares, Granada, 1999.

MARTÍN CASALS, MIQUEL, "Notas sobre la indemnización del daño moral en las acciones por difamación de la LO 1/1982", Centenario del Código civil, T. II, Madrid, 1990, S. 1266 ff.

ORTI VALLEJO, ANTONIO, *Derecho a la intimidad e informática*, Comares, Granada, 1994.

SALVADOR CODERCH, PABLO, (et alii), *El mercado de las ideas*, Madrid, 1990.

SALVADOR CODERCH, PABLO, *El derecho de la libertad*, Madrid, 1993.

V. Amts- und Staatshaftung

1. Grundsätze

1. Art. 9 Abs. 3 der Spanischen Verfassung (*Constitución española*; Abkürzung: "CE") befasst sich mit der **Haftung** der **öffentlichen Stellen** und Art. 106 Abs. 2 CE besagt, dass die Bürgerinnen und Bürger (die Privatpersonen) laut dem Gesetz das Recht auf Entschädigung jedes Schadens an ihren Gütern und Rechten haben, außer im Falle höherer Gewalt, wenn der Schaden auf Grund des Arbeitsablaufs in den öffentlichen Diensten entstanden ist. Diese Vorschrift wurde im Rahmen des Gesetzes 30/1992 über gesetzliche Regelungen der öffentlichen Verwaltung und allgemeiner administrativer Vorgehensweisen vom 26. November (*Ley de Régimen jurídico de las Administraciones Públicas y Procedimiento Administrativo Común*; Abkürzung: "LRJAPPAC") in Titel X, Art. 139-144, normiert und durch Gesetz 4/1999 vom 13. Januar (BOE Nr. 12, vom 14. Januar 1999) abgeändert.

2. Aus Art. 139 Abs. 1 und Abs. 2 LRJAPPAC lassen sich folgende **Voraussetzungen** der zivilrechtlichen Haftung der öffentlichen Verwaltung (Amts- und Staatshaftung) in Spanien ableiten:

a. Es handelt sich um eine **direkte** und **objektive Haftung** auf Grundlage des Prinzips der Vermögensgarantie der geschädigten Person. Diese Haftung ist losgelöst von jeglicher subjektiven Schuldvorstellung. Allein bei einer Rechtspflicht des Geschädigten, für den Schaden selbst aufzukommen oder bei höherer Gewalt ist die öffentliche Verwaltung von ihrer Haftung enthoben (Art. 141 LRJAPPAC). Hat die geschädigte Person keine solche Pflicht, für den Schaden aufzukommen, so haftet grundsätzlich die öffentliche Verwaltung. Der Schaden muss in diesem Fall allerdings rechtswidrig sein (Urteile des Obersten Gerichtshofs, Dritte Kammer, vom 24. Februar 1994, RAJ Nr. 1994/1235; vom 14. Oktober 1994, RAJ Nr. 1994/8741; vom 10. April 2000, RAJ Nr. 2000/3352).

Die öffentliche Verwaltung haftet auch dann nicht, wenn der Schaden auf Grund **höherer Gewalt** entstanden ist. Das Gesetz äussert sich andererseits nicht zum **Zufall**. Da es sich um eine objektive Haftung handelt, kann man allerdings davon ausgehen, dass die Verwaltung im Falle eines zufälligen Ereignisses haftet.

Sowohl der Oberste Gerichtshof als auch der spanische Staatsrat legen das Konzept der höheren Gewalt weit, als unvorhergesehene und unvermeidliche Ereignisse aus. Art. 141 Abs. 1 LRJAPPAC verweist sodann auf Schäden auf Grund von Ereignissen, die gemäß dem technischen und wissenschaftlichen Wissensstand zum Zeitpunkt ihres Geschehens weder vorherzusehen noch zu verhindern waren.

Um diese beiden Rechtsbegriffe voneinander zu unterscheiden, wird die höhere Gewalt als ein Ereignis bezeichnet, welches innerhalb des Handlungsspielraums des Schuldners eintritt und das "zufällige Ereignis" als ein internes Ereignis bezüglich des Arbeitsablaufs des Dienstes. Die Beweispflicht für das Vorliegen höherer Gewalt obliegt der Verwaltung.

b. Der Schaden muss eine **Folge des** - korrekten oder regelwidrigen - **Arbeitsablaufs im öffentlichen Dienst** sein. Der Oberste Gerichtshof legt diesen Ausdruck im weitesten Sinne als "Synonym jeglicher Verwaltungstätigkeit" aus, die potentiell schädlich sein könnte. Die den Schaden verursachende Person muss Teil der Struktur und Organisation der Verwaltung sein. Zwischen der Verwaltungstätigkeit und dem Schaden muss ein direkter, unmittelbarer und ausschließlicher kausaler Zusammenhang bestehen. Im Allgemeinen stellt der Oberste Gerichtshof einen kausalen Zusammenhang durch ein weit gefasstes Kriterium fest und überträgt die Verantwortung zumeist der Verwaltung (Urteile des Obersten Gerichtshofs, Dritte Kammer, vom 5. Mai 1998, RAJ Nr. 1998/4625; vom 30. März 2000, RAJ Nr. 2000/4051; vom 27. Dezember 2000, RAJ Nr. 2000/9577; vom 3. Mai 2004, RAJ Nr. 2004/2694; vom 18. Oktober 2005, RAJ Nr. 2006/307; vom 27. Juni 2006, JUR Nr. 2006/191025).

c. Der **entschädigungsfähige Schaden** muss tatsächlich (und nicht lediglich potentiell) sowie wirtschaftlich messbar sein (was nicht ausschließt, dass der immaterielle Schaden entschädigt wird) und sich zudem konkret auf eine oder mehrere Personen beziehen. Letzteres bedeutet einen Bruch mit dem Grundsatz der Gleichheit der Bürgerinnen und Bürger bezüglich öffentlicher Lasten. Schließlich muss der Schaden rechtswidrig sein (Art. 141 Abs. 1 und Abs. 2 LRJAPPAC).

d. Schadensersatz (Art. 141 Abs. 2, Abs. 3 und Abs. 4 LRJAPPAC):

- Der Schadensersatz im Bereich der Staatshaftung wird fallweise nach den Bewertungskriterien errechnet, die in der Gesetzgebung zur Zwangsenteignung, in der Steuergesetzgebung und anderen anwendbaren öffentlich-rechtlichen Normen enthalten sind. Bei Körperverletzung sprechen sich Rechtsprechung und Staatsrat dafür aus, dass jene Tabellen, die im Bereich des Straßenverkehrshaftpflichtrechts der weitgehend normativen Bewertung des Personenschadens dienen (vorstehend: S. 36 ff.), auch im Bereich der Haftung der öffentlichen Verwaltung in Betracht gezogen werden können. Diese Tabellen (*baremo*) dienen jedoch außerhalb des Straßenverkehrsrechts nur zur Orientierung und sind nicht bindend.
- Die Höhe des Schadensersatzes wird rückwirkend auf den Tag errechnet, an dem es zur Verletzung kam. Die Ersatzsumme ist allerdings für den Zeitraum zwischen der Schadenszufügung (Berechnungstag) und dem Datum, an dem das Haftungsverfahren beendet worden ist, um den anwendbaren Verbraucherpreisindex (IPC), der vom nationalen Statistikinstitut INE bestimmt wird, zu erhöhen. Zusätzlich sind auch Verzugszinse geschuldet, die nach den Vorgaben des allgemeinen Steuerrechts berechnet werden (Art. 45 LRJAPPAC).
- Der fällige Schadensersatz kann entweder durch eine Kapitalzahlung oder in Form einer wiederkehrenden Rente ausbezahlt werden, sollte dies für die erforderliche Entschädigung angemessener sein und dem öffentlichen Interesse entsprechen sowie im Einverständnis mit dem Betroffenen erfolgen.

2. Behörden und Angestellte des öffentlichen Dienstes

2.1. Haftungsvoraussetzungen

Behörden der öffentlichen Verwaltung sowie **Angestellte des öffentlichen Dienstes** können für ihr Verhalten haftbar gemacht werden (*responsabilidad patrimonial de las autoridades y personal al servicio* *de las adminstraciones públicas*), was anhand konkreter Beispiele aufgezeigt werden soll:

a. Haftung für Schäden an von der öffentlichen Verwaltung zur Verfügung gestellten **Gütern oder Rechte** (Art. 145 Abs. 3 LRJAPPAC). In diesem Fall handelt es sich um Güter oder Rechte, derer sich die Behörden oder die Angestellten des öffentlichen Dienstes für die Ausübung ihrer Arbeit bedienen, oder die ihrer Verantwortung unterstehen. Im Falle der Haftbarmachung leitet die öffentliche Verwaltung ein entsprechendes (ordnungsgemäßes) Verfahren gegen die Behörde oder den Angestellten des öffentlichen Dienstes ein, sollte jene oder jener grob fahrlässig oder vorsätzlich gehandelt haben. Die Handlung der Behörde oder des Angestellten des öffentlichen Dienstes kann Tatbestand des Schadensdelikts sein, was bedeutet, dass die öffentliche Verwaltung den Fall abgeben und an die zuständige Gerichtsbehörde überweisen muss.

b. Haftung des Rechnungshofs und ähnlicher Organe der Autonomen Gebietskörperschaften Spaniens für die rechtmäßige Verwaltung öffentlicher Mittel, so insbesondere bei deren Einziehung, Kontrolle, Verwaltung, Verwahrung sowie der Handhabung oder Nutzung von Gütern, Vermögen oder Wertpapieren (vgl. Art. 15 LO 2/1982, *de 12 de mayo, del Tribunal de Cuentas*; BOE Nr. 121, vom 21. Mai 1982).

c. Haftung bei einem **Regressanspruch der öffentlichen Verwaltung**. Der öffentlichen Verwaltung, die eine durch die Staats- oder Verwaltungstätigkeit geschädigte Person direkt entschädigt hat, steht ein Regressanspruch gegen vorsätzlich oder grob fahrlässig handelnde Behörden oder Angestellte des öffentlichen Dienstes für deren Berufshaftpflicht zu (Art. 145 Abs. 2 LRJAPPAC).

d. Haftung gegenüber Privatpersonen oder Verwaltungsmitarbeitern für durch die Verwaltungstätigkeit zugefügte Schäden. Diese Haftung stützt sich auf Art. 1902 CC. Historisch gesehen, findet sich eine weitere Grundlage im so genannten "*Maura*"-Gesetz vom 5. April 1904. Dieses Gesetz wurde vom LRJAPPAC allerdings ausdrücklich außer Kraft gesetzt, wobei der in Art 146 LRJAPPAC enthaltene Verweis auf einen direkten Anspruch gestrichen worden ist, da der Gesetzgeber beabsichtigte, jegliche Befugnis der Zivilrichter zum Vermögenshaftungsanspruch zu vermeiden, sowohl in Bezug auf die Haftung gegenüber den Behörden als auch gegenüber den Angestellten des öffentlichen Dienstes. Solche Ansprüche werden durch die Verwaltungsgerichtsbarkeit in einem streitigen Verwaltungsverfahren beurteilt (Art. 2 lit. e LJCA).

2.2. *Regressanspruch*

1. Hierbei handelt es sich um einen **Anspruch**, der die öffentliche Verwaltung **gegenüber** ihren **Behörden und Angestellten** für eine Tätigkeit oder ein Unterlassen im Fall von Vorsatz oder grober Fahrlässigkeit geltend machen kann, wenn sie den Privatpersonen Schadensersatz für den Schaden an ihren Gütern oder Rechten gezahlt hat (Art. 145 Abs. 2 LRJAPPAC). Die erste Voraussetzung besteht darin, dass die Privatperson bereits gegen die öffentliche Verwaltung vorgegangen und diese zur Zahlung des betreffenden Schadensersatzes verurteilt worden ist. Die zweite Voraussetzung beinhaltet die Tatsache, dass das Gesetz Vorsatz, Schuld oder grobe Fahrlässigkeit seitens des Beamten erfordert. Dieser Regressanspruch ist für die Verwaltung rechtsverbindlich und nicht fakultativ.

2. Zur Geltendmachung der Haftung des Beamten werden einige **Kriterien** hinzugezogen. Erforderlich ist unter anderem Folgendes: ein schädigendes Verhalten, vorhandene oder nicht vorhandene Absichtlichkeit, Vorsatz oder grobe Fahrlässigkeit, Kausalzusammenhang (Art. 145 Abs. 2 LRJAPPAC).

3. Haftung der Justizverwaltung

1. Art. 121 CE legt fest, dass die durch einen **Justizirrtum** oder den **regelwidrigen Arbeitsablauf** der Justizverwaltung verursachten Schäden ein Recht auf Schadensersatz gegenüber dem Staat begründen (Urteil des Obersten Gerichtshofs, Dritte Kammer, vom 7. April 2001, RAJ Nr. 2001/9163).

Art. 139 Abs. 4 LRJAPPAC bezieht sich in dieser Frage auf das LOPJ mit einer relativ ausführlichen Regelung dieses Themas. Konkret handelt es sich hierbei um Art. 292-297 und 411-413 LOPJ. Art. 292 LOPJ besagt, dass die auf Grund eines Justizirrtums oder regelwidrigen Arbeitsablaufs der Justizverwaltung verursachten Schäden das Recht auf Schadensersatz ermöglichen, es sei denn, diese Schäden wurden durch höhere Gewalt verursacht. Die Richter werden dadurch den Beamten gleichgestellt. Die geschädigte Privatperson erhält dadurch die Möglichkeit, einerseits direkt gegen den Richter vorzugehen, wenn dessen Verhalten auf Vorsatz oder grobe Fahrlässigkeit zurückzuführen ist, oder andererseits direkt gegen die Verwaltung vorzugehen, ohne der Gerichtsbehörde Vorsatz oder grobe Fahrlässigkeit nachzuweisen (Art. 296-297 LOPJ).

2. Die Normen unterscheiden zwischen **zwei Haftungsgründen**:

a. Justizirrtum: Dieser besteht in einer nicht korrekten Verhaltensweise des Richters oder des Gerichts mit zwei unterschiedlichen Merkmalen: Zu Beginn des Irrtums ist nur der Richter beteiligt, er legt eine Entscheidung vor, gegen die die Rechtsordnung eine Reihe von Rechtsmitteln vorsieht, mittels derer der Geschädigte sich verteidigen kann (Urteile des Obersten Gerichtshofs, Zweite Kammer, vom 28. Oktober 1992, RAJ Nr. 1992/8544, Dritte Kammer; vom 16. Juni 1995, RAJ Nr. 1995/5200, Erste Kammer; vom 24. Mai 2001, RAJ Nr. 2001/3377).

b. Regelwidriger Arbeitsablauf in der Justizverwaltung: Hier liegen zwei Merkmale vor: Dieser kann nicht nur durch einen Richter, sondern auch durch andere Personen, die mit ihm in Ausübung der Rechtspflege zusammen arbeiten, verursacht werden und das schädigende Verhalten kann sowohl aktiv als auch passiv sein (z.B. Verzögerung beim Ablauf des Prozesses: siehe Urteile des Obersten Gerichtshofs, Dritte Kammer, vom 2. Juni 1999, RAJ Nr. 1999/7283; vom 25. September 1999, RAJ Nr. 1999/7881; vom 26. Juni 2001, RAJ Nr. 2001/7993).

Der Bezug auf die Justizverwaltung beinhaltet hier nicht nur Richter und beisitzende Richter, sondern auch Justizsekretäre, höhere und mittlere Justizbeamte, Gerichtsvollzieher, Gerichtsmediziner und andere Personen, die den Richtern oder beisitzenden Richtern zur Seite stehen (Rechtspflegeorgane).

Die **Voraussetzungen für den Antrag auf Entschädigung** werden in Art. 293 LOPJ normiert und beziehen sich vor allem auf den Justizirrtum. Vor der Schadensersatzforderung muss eine Gerichtsentscheidung erfolgen, die den Justizirrtum anerkennt. Diese vorherige Entscheidung kann durch eine entsprechende Überprüfung getroffen werden oder vom zuständigen Senat des Obersten Gerichtshof jener Rechtsordnung vorgegeben werden, in deren Rahmen der Irrtum begangen wurde oder vom Sondersenat, der durch Art. 61 LOPJ einberufen wurde, wenn der

Irrtum dem Senat oder der Kammer des Obersten Gerichtshofs zuzuschreiben ist. Gerichtsentscheidungen, die zu Justizirrtümern führen können, sind richterliche Entscheidungen und Verfügungen, Urteile und die Veröffentlichung einer sich in Ausführung befindlichen Bekanntmachung.

Ein konkreter Fall eines Justizirrtums ist die **unzulässige Untersuchungshaft**, die von Art. 294 LOPJ geregelt wird. Hier wird zur Feststellung des Irrtums keine vorherige Gerichtsentscheidung benötigt. Ein Freispruch mangels Verwirklichung des vorgeworfenen Tatbestands oder ein aus diesem Grund erfolgter Einstellungsbeschluss beenden das Verfahren, in dem die Untersuchungshaft als Vorsichtsmaßnahme angeordnet wurde. Für die Beurteilung von Haftungsansprüchen in Zusammenhang mit einer unzulässigen Untersuchungshaft ist ausschließlich das Justizministerium zuständig. Das Recht auf Einspruch verjährt nach einem Jahr ab dem Zeitpunkt eines möglichen Einspruchs.

4. Verfahren

1. Die Ausübung der Haftungsklage erfordert eine **vorherige Beschwerde** gegenüber der Verwaltung selbst. Das Gesetz unterscheidet zwischen einem allgemeinen Verfahren (Art. 141 LRJAPPAC) und - in besonderen Fällen - einem vereinfachten Verfahren (Art. 142 LRJAPPAC).

a. Die wichtigsten Verfahrensschritte des **allgemeinen Verfahrens** lassen sich wie folgt umschreiben:

- Eröffnung des Verfahrens von Amts wegen oder auf Grund einer Klage der Betroffenen;
- Entscheidung durch das zuständige Ministerium, den Ministerrat im Fall einer gesetzlichen Anordnung oder durch die zuständigen Organe der autonomen Gebietskörperschaften oder der Behörden der Gemeindeverwaltung;
- Das Klagerecht verjährt innerhalb eines Jahres nach dem Ereignis, das den Ersatzanspruch begründet. Bei einer Körperverletzung beginnt die Frist jedoch erst ab dem Zeitpunkt der Heilung oder bei Feststellung des Ausmaßes der medizinischen Folgen;

- Ein einstellender Verwaltungsbeschluss über das Vermögenshaftungsverfahren beendet das Verwaltungsverfahren (*la resolución administrativa de los procedimientos de responsabilidad patrimonial pone fin a la vía administrativa*), auch wenn die Verwaltung im Bereich privatrechtlicher Rechtsverhältnisse handelt (Art. 144 LRJAPPAC);
- Der Antrag auf Schadensersatz gilt als abgewiesen, falls kein ausdrücklicher Beschluss gefasst wird.

Eine detaillierte Regelung des Verfahrens wird im Königlichen Dekret (RD) vom 23. März 1993 statuiert (por el que se aprueba el reglamento de los procedimientos de las administraciones públicas en materia de responsabilidad patrimonial; BOE Nr. 106, vom 4. Mai 1993).

b. Das **vereinfachte Verfahren** kommt dann zur Anwendung, wenn die Kausalität zwischen dem Arbeitsablauf des Dienstes und dem eingetretenen Schaden eindeutig sowie die Schadensberechnung und Schadensersatzbemessung klar sind. Nach Einleitung des Verfahrens unter Annahme der gerade genannten Umstände kann das zuständige Verwaltungsorgan ein vereinfachtes Verfahren betreiben, um den Schadensersatzanspruch innerhalb von 30 Tagen anzuerkennen. Dennoch kann das zuständige Organ zu einem späteren Zeitpunkt veranlassen, dass das Verfahren nach den allgemeinen Verfahrensregeln durchgeführt werden soll. Wird kein ausdrücklicher Beschluss gefasst, gilt die Klage als abgewiesen.

2. Bei beiden Verfahren ist das **Gutachten des Staatsrats** (*Consejo de Estado*) zwar vorgeschrieben, aber nicht bindend, wenn die Klage sich gegen eine staatliche Verwaltungsstelle richtet (Art. 22 Abs. 13 Gesetz LO Staatsrat 3/2004; LO 3/2004, *de 28 de diciembre, por la que se modifica la LO 3/1980, de 22 de abril, del Consejo de Estado*; BOE Nr. 313, vom 29. Dezember 2004).

Ausgewählte Literatur

ÁLVAREZ-CIENFUEGOS SUÁREZ, JOSÉ MARÍA, (Coord.), *Comentarios a la reforma de la LRJAPPAC (Estudio de la Ley 4/1999, de 13 de enero)*, Pamplona, Aranzadi, 1999.

BELLO JANEIRO, DOMINGO, *La responsabilidad patrimonial de las administraciones públicas,* Santiago de Compostela, EGAP, 1999.

GONZÁLEZ-VARA IBÁÑEZ, JUAN CARLOS, *Reparación de daños causados a la administración*, Barcelona, Cedecs, 1998.

GONZÁLEZ PÉREZ, JESÚS, *Responsabilidad patrimonial de la administración pública*, Madrid, Civitas, 2ª edic., 2000.

VI. Haftung gegenüber Konsumenten

1. Einführung

1. Art. 8 des Königlichen Dekrets 1/2007, vom 16. November (*por el que se aprueba el texto refundido de la Ley general para la defensa de los consumidores y usuarios y otras leyes complementarias*; BOE Nr. 287, vom 30. November 2007. Abkürzung: "LDCU") erwähnt die grundlegenden **Rechte der Verbraucher**:

- Schutz gegen gesundheits- und sicherheitsgefährdende Risiken;
- Schutz ihrer legitimen wirtschaftlichen und sozialen Rechte;
- Schadensersatz;
- korrekte Informationen zu den unterschiedlichen Produkten und Dienstleistungen sowie Bildungsmaßnahmen und deren Verbreitung zur Vermittlung von Wissen über den angemessenen Umgang, Verbrauch und Genuss;
- Mitspracherecht, Beteiligung an der Ausarbeitung der allgemeinen Bestimmungen, die die Verbraucher direkt betreffen und Vertretung ihrer Interessen. Dies erfolgt durch rechtmäßig gegründete Verbände, Gruppierungen oder Vereinigungen von Verbrauchern und Nutzern;
- Rechtsschutz seitens der Justiz, Verwaltung und Technik im Falle der Unterlegenheit, Abhängigkeit oder Wehrlosigkeit von Konsumenten.

2. Diese eher programmatische Auflistung grundlegender Rechte wird in unterschiedlichen Kapiteln des LDCU konkretisiert. Art. 10 LDCU besagt, dass **auf diese Rechte nicht im Voraus verzichtet werden kann**. Ein solcher Verzicht wird als nichtig erachtet. Andere Handlungen, die eine arglistige Täuschung nach dem LDCU gemäß den Angaben in Art. 6 CC darstellen, sind ebenfalls nichtig.

3. Das LDCU hat **multidisziplinären Charakter** und befasst sich mit unterschiedlichen Themenbereichen und Rechtszweigen (Zivil-, Handels-, Prozess- und Verwaltungsrecht). Die spanische Verfassung erwähnt das Recht zur Regelung des Konsumentenschutzes weder in Art. 148 CE (gliedstaatliche Kompetenzen) noch in Art. 149 CE (zentralstaatliche Kompetenzen). Dennoch haben es die Autonomen Regionen mehrheitlich in ihren Zuständigkeitsbereich aufgenommen. Derzeit verfügen fast alle Autonomen Gebietskörperschaften über ein Verbraucherschutzgesetz und ein Gesetz für den Binnenhandel oder das Marktverhalten (*disciplina de mercado*). Diese Normen sollten den Charakter von Verwaltungsnormen haben, da Art. 149 Abs. 1 Ziff. 8 Teil 2 CE besagt, dass alle mit den "Grundlagen der Vertragsverpflichtungen" (*bases de las obligaciones contractuales*) einhergehender Aspekte ausschließlich unter staatliche Zuständigkeit fallen. Daher kann die Haftung bezüglich der Verbraucher nicht durch die gliedstaatlichen Gesetze geregelt werden. Viele der Autonomen Gebietskörperschaften haben jedoch mittels als "Verwaltungsstrafen" (*sanciones administrativas*) oder "Verwaltungsnormen" (*normas administrativas*) bezeichneten Gesetzen *de facto* zivilrechtliche Normen und Sanktionen zugunsten der Konsumenten eingeführt. Die von der Zentralregierung erlassenen gesetzlichen Regelungen zur Haftung gegenüber Konsumenten, auf die wir uns im folgenden Kapitel beziehen, werden in Buch III LDCU behandelt.

2. Haftungsregelungen im Konsumentenschutz

2.1. Grundsätze

1. Das Dritte Buch des LDCU erläutert eines der grundlegenden Rechte aus Art. 8 LDCU, ohne jedoch zu erklären, ob es sich hierbei um eine **außervertragliche** oder eine **vertragliche Haftung** handelt. Die parlamentarische Debatte zum ursprünglichen Gesetzesentwurf von 1984 scheint von der ersten Hypothese ausgegangen zu sein. Dies wurde jedoch im Gesetz dann doch nicht explizit berücksichtigt, so dass man heute der Lehrmeinung zustimmen kann, wonach beide Haftungsformen angewendet werden können, sofern dies jeweils zugunsten des Verbrauchers erfolgt.

2. Art. 128 Abs. 1 LDCU hält in der Tat fest, dass jede Person, die einen Schaden durch eine Dienstleistung oder eine Sache (Gut) erleidet, Anrecht auf Entschädigung gemäß den Bestimmungen dieses Gesetzes hat. Art. 128 LDCU präzisiert allerdings nicht, ob die Haftung vertraglicher oder außervertraglicher Natur ist. Daher ist es möglich, das Gesetz sowohl auf die vertragliche als auch auf die deliktische Haftung anzuwenden. Das Gesetz geht dabei auch nicht weiter darauf ein, ob der Konsument eine vertragliche oder außervertragliche Haftungsklage, gestützt auf eine andere Haftungsgrundlage geltend machen könne. Das Dritte Buch des LDCU unterbindet in Art. 128 Abs. 2 denn auch nicht die **Berufung auf eine andere Haftungsgrundlage**.

3. Diese Möglichkeit, die sich dem Verbraucher bietet, bedeutet jedoch nicht, dass er gleiche Schadensersatzansprüche nebeneinander geltend machen könnte. Er hat jedoch die Möglichkeit, seine **Schadensersatzklage kumulativ oder subsidiär** mit den verschiedenen gesetzlichen Bestimmungen zu begründen, von denen die Normen zur Haftung abgeleitet werden und die im jeweiligen Fall angewendet werden können. Außerdem erhalten die Gerichte so die Möglichkeit, die ihrer Meinung nach angemessenen Regelungen auf der Grundlage der prozessrechtlichen Maxime *iura novit curia* (wonach der Richter das Recht kennt) anzuwenden, auch wenn die jeweiligen Bestimmungen nicht geltend gemacht wurden, um die Forderung des Verbrauchers juristisch zu begründen.

4. Im Weiteren sind eine **Pflichtversicherung** und ein gemeinsamer **Garantiefonds** vorgesehen, der Schäden deckt, die Folge eines Todes, einer Vergiftung oder einer anderen Körperverletzung sind. Nach Art. 131 LDCU kann die Regierung ein solches System nach Anhörung von Interessenvertretern, insbesondere Konsumentenschutzorganisationen einführen.

2.2. Aktivlegitimation der Verbraucher und Nutzer

1. Art. 3 LDCU definiert das **Konzept des Konsumenten** und Nutzers: So gelten natürliche oder juristische Personen als Konsumenten oder Nutzer, die einer Tätigkeit nachgehen, die außerhalb ihrer unternehmerischen oder fachlichen Tätigkeit liegt. Auch eine juristische Person, die als Endverbraucher auftritt, wird als Verbraucher bezeichnet.

2. Der Interessenskonflikt, von dem das LDCU ausgeht, bezieht sich auf **Unternehmer** (oder auch auf die Verwaltung) im Verhältnis zu **Verbrauchern** und **Nutzern** (Art. 2 und 4 LDCU). Dennoch hat der Gesetzgeber den konkreten Begriff des Verbrauchers nicht in allen Bestimmungen verwendet. Im Gesundheitsrecht, im Recht auf Integrität und Sicherheit bezieht er sich auf eine abstrakte Bezeichnung des Verbrauchers. Das Buch III des LDCU befasst sich begrifflich nicht mit den "Konsumenten" als Empfänger der Ersatzleistung. Vielmehr betreffen diese Gesetzesbestimmungen den "Geschädigten" (*perjudicado*) bzw. den "Empfänger der Entschädigungsleistung" (*beneficiario de la indemnización*). Genau deswegen und unbeschadet des III. und IV. Buches desselben Gesetzes muss der Entschädigungsberechtigte nicht unbedingt auch ein "Konsument" sein. Für solche Fälle kennt der angelsächsische Rechtskreis denn auch den trefflichen und von der spanischen Rechtslehre rezitierten Ausdruck des *bystanders*, der nicht selbst konsumiert, jedoch Opfer fremden Konsums wird.

2.3. Güter und Dienstleistungen

1. Das LDCU enthält eine **Legaldefinition** des **Produktbegriffs**. Nach Art. 6 LDCU gilt jede Sache als Produkt, die der Legaldefinition des "beweglichen Gutes" im Sinne des Art. 335 CC entspricht. Art. 335 CC besagt denn auch, dass als beweglich jene aneignungsfähigen Güter gelten (...), die ohne Beschädigung der unbeweglichen Sache, mit der sie verbunden sind, von einem Punkt zu einem anderen geschafft werden können.

2. Die Begriffe **Güter und Produkte** werden dabei neben dem Begriff "**Dienstleistungen**" verwendet. Obwohl beide Begriffe genannt werden, denkt das Gesetz dabei vor allem an Güter und Produkte. Die Rechtslehre besagt, dass das Gesetz sich auf alle materiellen und immateriellen (z.B. Software), beweglichen und unbeweglichen Güter sowie Energieprodukte bezieht. Sie können sowohl für den sofortigen als auch längerfristigen Gebrauch sein, es kann sich um weiterverarbeitete oder veredelte oder auch um natürliche Produkte handeln, etwa aus der Landwirtschaft, Viehzucht, Jagd oder aus dem Fischereiwesen. Alle Arten von Dienstleistungen gehören ebenfalls dazu. Sowohl Güter als auch Dienstleistungen müssen für den Verbrauch bestimmt sein. Das LDCU findet auf Güter, die der Ausstattung oder Produktion dienen, keine Anwendung (so etwa nicht auf Industriemaschinen).

Art. 148 Abs. 2 LDCU benennt schließlich bestimmte Dienstleistungen (z.B. die Bereiche Gesundheit, Unterhalt und Reparatur von Küchengeräten, Aufzügen oder Motorfahrzeugen, Wohnungssanierungen, Transport, Gas und Elektrizität), auf welche ein besonderes Haftungssystem Anwendung findet.

2.4. Zuordnungskriterien

1. Buch III beginnt mit Art. 128 LDCU, einer Bestimmung, die in der Rechtslehre bereits viel Kopfzerbrechen verursacht hat. Diese Rechtsnorm legt fest, dass Verbraucher und Nutzer das Recht auf Schadensersatz haben, wenn der Verbrauch von Gütern oder die Nutzung von Produkten oder Dienstleistungen ihnen Schaden zugefügt hat. Somit regelt diese Bestimmung nicht die Haftung, sondern vielmehr nur den allgemeinen Grundsatz aus Art. 8 LDCU bezüglich des **Rechts auf Schadensersatz** (Urteil des Obersten Gerichtshofs vom 11. Oktober 2005, RAJ Nr. 2005/8769).

2. Art. 135 LDCU übernimmt grundsätzlich die auf fehlerhafte Produkte anwendbare und nachstehend ausführlicher besprochene (Kapitel IX; S. 123 ff.) Kausalhaftungsregelung (*responsabilidad objetiva*). Art. 147 - 149 LDCU beziehen sich auf die Haftung für Schäden, die durch Dienstleistungen oder Güter verursacht worden sind. Tatsächlich beziehen sich diese Gesetzesbestimmungen allerdings wohl nur auf fehlerhaft erbrachte Dienstleistungen. Begründet wird dabei eine **Verschuldenshaftung mit Beweislastumkehr**.

3. Schließlich begründet auch Art. 148 LDCU ein **kausales Haftungssystem**. Dem Kläger obliegt die Beweispflicht darüber, dass der Schaden während der korrekten Nutzung oder dem korrekten Verbrauch der Dienstleistung entstanden ist. Für Schäden, die auf Grund eines ausschließlichen Verschuldens des Opfers entstanden sind oder durch Personen, für die das Opfer sonst einzustehen hat, wird nicht gehaftet. Dies geht einher mit der Pflicht zur Information hinsichtlich der Nutzung oder Handhabung des jeweiligen Produkts. Folgende **Merkmale** gelten für diese Haftung:

- Sie gilt nur für Schäden auf Grund des Verbrauchs der in Art. 148 LDCU genannten Dienstleistungen;
- Sie beschränkt die Haftung, die Höhe der maximalen Entschädigung also, auf einen Maximalbetrag (3 Mio. Euro);
- Sie beinhält ein System der Pflichtversicherung und einen gemeinsamen Garantiefonds, der den Schaden im Todesfall, bei Vergiftung oder Körperverletzung ganz oder teilweise abdeckt. Die Regierung kann diese Systeme vor Anhörung

der Betroffenen und der Verbraucherverbände einführen (Art. 131 LDCU).

4. Art. 149 LDCU begründet schließlich eine **kausale Haftung** für durch eine **Liegenschaft verursachte Schäden.**

2.5. Haftende. Gesamtschuldnerische Haftung

1. In diesen Fällen präzisiert Buch III nicht, **wer die haftenden Personen** sind. Art. 132 LDCU spielt auf die "verantwortlichen Personen" an. Im Falle der Haftung des Fabrikanten bestimmt Art. 135 LDCU ausdrücklich den "Hersteller" als Haftungssubjekt. Art. 147 LDCU verweist dagegen auf die Dienstleister als Haftenden. Art. 149 LDCU erwähnt schließlich Personen, die Liegenschaften erbauen oder verkaufen als Haftungssubjekt (*los que construyan o comercialicen viviendas*).

2. Art. 132 LDCU normiert, dass **mehrere Personen,** die an der Verursachung eines Schadens beteiligt waren, **solidarisch haften.** Jene Person, die dann tatsächlich für den Schaden aufgekommen ist, hat ein gesetzliches **Rückgriffsrecht** gegenüber den anderen, solidarisch haftenden Personen.

3. Nach Art. 133 LDCU vermag die **Beteiligung eines Dritten** an der Schadensverursachung die außervertragliche Haftpflicht eines Schädigers grundsätzlich nicht zu mindern. Andererseits steht der vorleistenden Person ein Regress gegen den Dritten in dem Umfang zu, in welchem der Dritte für den Schaden einzustehen hat.

4. Art. 130 LDCU hält seinerseits fest, dass allfällige **Haftungsausschluss- oder -beschränkungsklauseln** im Verhältnis zum Geschädigten **unwirksam** sind.

2.6. Ersatzfähige Schäden

Art. 129 LDCU hält ausdrücklich fest, für welche **Schadentypen** der Schädiger der geschädigten Person einzustehen hat: Personenschäden (einschließlich jener Schäden, die durch einen Todesfall ausgelöst werden) sowie Sachschäden, sofern diese bei Gegenständen auftreten, die vor allem von der geschädigten Person privat gebraucht worden sind. Diese Regel steht allerdings in einem gewissen Widerspruch zu Art. 3 LDCU. Zudem scheint die Geltendmachung immaterieller Schäden gemäß Art. 128 Abs. 2 LDCU auf andere gesetzliche Wege verwiesen zu sein. Schließlich werden Nuklearschäden explizit ausgeschlossen (Art. 129 Abs. 2 LDCU).

2.7. *Klage und Klagefrist*

1. Wie aus dem vorherigen Thema hervorgeht, ist für Schadensersatzforderungen bei Beteiligung einer **öffentlichen Verwaltung** der **Verwaltungsrechtsweg** eröffnet.

2. Privatpersonen gehen **zivilrechtlich** vor. Je nach Fall kommt es hier zu einer vertraglichen oder außervertraglichen Haftung. Auch die Klagefrist kann sich ändern: im ersten Fall gelten 15 Jahre (Art. 1964 CC) und im zweiten Fall ein Jahr (Art. 1968 Abs. 2 CC). In Katalonien, um nur eine abweichende foralrechtliche Bestimmung zu nennen, beträgt diese Frist jedoch drei Jahre.

3. Zum Abschluss sei erwähnt, dass Art. 57 und 58 LDCU ein **Schiedssystem** zur Beilegung des Streits mit Verbrauchern vorsieht, welches unentgeltlich ist (*Ley 60/2003, de 23 de diciembre, de arbitraje*; BOE Nr. 309, vom 26. Dezember 2003. Abkürzung: "LA").

Ausgewählte Literatur

ÁLVAREZ CATA, NATALIA/BUSTO LAGO, J. MANUEL, *Reclamaciones de consumo: derecho de consumo desde la perspectiva del consumidor*, Cizur Menor, Navarra, Thomson-Aranzadi, 2005.

BARONA VILAR, SILVIA, *Tutela de los consumidores y usuarios en la nueva Ley de Enjuiciamiento civil*, Valencia, Tirant Lo Blanch, 2003.

BERCOVITZ RODRÍGUEZ-CANO, RODRIGO/ALBERTO, *Estudios jurídicos sobre protección de los consumidores*, Madrid, Tecnos, 1987.

DE LEÓN ARCE, ALICIA, *Derechos de los consumidores y usuarios*, Valencia, Tirant Lo Blanch, 2000.

GONZÁLEZ CANO, MARÍA ISABEL, *La tutela colectiva de los consumidores y usuarios en el proceso civil*, Valencia, Tirant Lo Blanch, 2002.

MARÍN LÓPEZ, JUAN JOSÉ, (Hrsg.), *La protección jurídica de los consumidores*, Madrid, Dykinson, 2003.

VII. Medizinhaftung

1. Vertragliche und außervertragliche Haftung

1. Eine der ersten Fragestellungen besteht darin, ob die **Arzthaftung vertraglich oder außervertraglich** ist, oder ob beide Fälle zutreffen, sei es bezüglich eines oder mehrerer unterschiedlich Haftender. Tatsächlich werden die meisten Klagen auf Grund medizinischer Fahrlässigkeit außervertraglich eingereicht (Urteile des Obersten Gerichtshofs, vom 20. Februar 1981, RAJ Nr. 1981/564; vom 21. September 1988, RAJ Nr. 1988/6847; vom 29. Oktober 1992, RAJ Nr. 1992/ 8178; vom 18. Juni 1998, RAJ Nr. 1998/5290; vom 12. Februar 2000, RAJ Nr. 2000/820).

2. Folgende **Fallgruppen** können dabei unterschieden werden:

a. **Private Gesundheitsdienstleistungen**: In diesem Bereich unterscheidet die Rechtsprechung des Obersten Gerichtshofs zwei Kategorien der medizinischen Versorgung: die auf die Heilung abzielende medizinische Versorgung einerseits und die freiwillige medizinische Behandlung andererseits. Die erste Kategorie bezweckt die Heilung eines Patienten von seiner Krankheit oder seinen gesundheitlichen Beschwerden. Bei der freiwilligen medizinischen Behandlung geht es dagegen um Personen, die freiwillig ihr physisches oder ästhetisches Erscheinungsbild ändern oder ein konkretes Ergebnis erzielen möchten, wie beispielsweise in der ästhetischen Chirurgie, aber auch bei nicht gesundheitlich indizierten Sterilisationen (Urteil des Obersten Gerichtshofs, vom 8. Februar 2005, RAJ Nr. 2005/949).

In beiden Fällen kann eine direkte Vertragsbeziehung zum behandelnden Arzt bestehen. Bei Vorliegen einer solchen vertraglichen Beziehung finden grundsätzlich die Bestimmungen zur vertraglichen Haftung Anwendung (Art. 1101 und 1124 CC).

Nach der Rechtsprechung handelt es sich im ersten Fall um einen **Dienstvertrag**, aus dem sich eine **Leistungspflicht** ergibt, da der Arzt sich nicht dazu verpflichtet hat, ein bestimmtes Ergebnis zu erzielen, sondern lediglich alles Mögliche zu tun, um den Patienten im Rahmen der technischen Kenntnisse und dem derzeitigen Stand der Entwicklung der Medizin - dem aktuellen Stand der medizinischen Wissenschaften also - zu heilen. Daher unterliegt der Arzt der Verschuldenshaftung, der subjektiven Haftung (Urteile des Obersten Gerichtshofs, vom 2. November 1999, RAJ Nr. 1999/7998; vom 10. November 1999, RAJ Nr. 1999/ 8057).

Im zweiten Fall - der freiwilligen medizinischen Behandlung - verpflichtet sich der Arzt zu einem bestimmten Ergebnis (***obligation de résultat***; z.B. eine bestimmte, flachere Form der Nase), weshalb es sich um einen **Werkvertrag** handelt, mit welchem der Arzt den vereinbarten Erfolg "garantiert" und damit das Risiko des Scheiterns auf sich nimmt. In diesem Fall besteht eine objektive Haftung.

Der Arzt kann seine Leistung in einem Krankenhaus oder aber in einer eigenen Praxis (oder einem eigenen Ambulatorium) erbringen. Bei einer Behandlung im Krankenhaus kann der Patient mit dem Klinikum einen Vertrag abschließen, der vor allem nach französischem Vorbild als "**Krankenhausvertrag**" (*contrato hospitalario*) bezeichnet wird. Diesem Vertrag zu Folge verpflichtet sich das Krankenhaus zur Bereitstellung des für den Eingriff nötigen Materials und Personals sowie zur Verpflegung des Patienten während seines Aufenthalts. Daher würden unter dieser Annahme zwei Verträge bestehen: der Krankenhausvertrag und der ärztliche Dienstvertrag. In diesem Fall wird die Haftung deutlich erkennbar vertraglich geregelt und jeder Person fällt eine andere Leistungspflicht zu. Es gibt Fälle, in denen ein Arzt selbst am Krankenhaus oder Ambulatorium wirtschaftlich beteiligt ist. In so einem Fall könnte zwischen dem Arzt und dem Patienten ein einziger Vertrag abgeschlossen worden sein, der alle Leistungen beinhaltet und deshalb - wie im französischen Recht - als **Gesundheitsdienstleistungsvertrag** oder als **Pflegevertrag** bezeichnet werden kann. Es handelt sich dabei um einen Innominatvertrag (Urteil des Obersten Gerichtshofs, vom 11. November 1991, RAJ Nr. 1991/8720).

Sofern der **Arzt als Angestellter** des Krankenhauses auftritt, müssen ihm gegenüber außervertragliche Grundsätze gelten. Das Krankenhaus haftet dem Geschädigten dagegen auf vertraglicher Grundlage.

Ein weiterer Aspekt, mit dem wir uns befassen, ist der des **Ärzteteams**. Ein Arzt arbeitet normalerweise nicht alleine, sondern in Zusammenarbeit mit anderen Fachleuten, die jeweils eine bestimmte Funktion innerhalb eines medizinischen Teams innehaben (z.B. Operateur, Anästhesist, Assistent usw.). Es stellen sich somit Fragen der Haftung bei horizontaler und vertikaler Arbeitsteilung. Unter den jeweils gegebenen Umständen können sich namentlich folgende Konstellationen ergeben:

- **Vom Arzt unter Vertrag genommenes Ärzteteam**: Hier liegt eine indirekte vertragliche Haftung des Arztes vor (Urteile des Obersten Gerichtshofs, vom 27. September 1994, RAJ Nr. 1994/7307; vom 22. Februar 1991, RAJ Nr. 1991/ 1587), der weitere Angestellte zur Erfüllung seiner Verpflichtung unter Vertrag nimmt. In Bezug auf die einzelnen Mitglieder der Gruppe gelten außervertragliche Bedingungen (Art. 1902 CC), es sei denn, der Arzt selber übernimmt die Verpflichtung und es gilt die vertragliche Haftung (Art. 1101 CC).
- **Vom Klinikum unter Vertrag genommenes Ärzteteam**: Hier können die gleichen Voraussetzungen gelten wie im ersten Beispiel, mit dem Unterschied, dass das Krankenhaus hier die führende Rolle übernimmt (Urteil des Obersten Gerichtshofs, vom 20. Dezember 2006, RAJ Nr. 2006/9248).

Ein Problem besteht dann, wenn man das **Mitglied des Teams**, dessen Fahrlässigkeit den Schaden verursacht hat, nicht ausfindig machen bzw. nicht bestimmen kann. In diesem Fall besteht immer noch die Möglichkeit, Klage gegen die Person, die das Ärzteteam unter Vertrag genommen hat, oder gegen das gesamte Team zu erheben, damit es zu einer rechtlichen Aufklärung der Haftung kommt und das Gericht die gesamtschuldnerische Haftung aller Mitglieder bestimmen kann.

Obwohl die Haftung in unseren Fällen vertraglich ist, gründen in der Praxis nur wenige Klagen auf einer solchen Haftung. Die **meisten Fälle** werden nach den Bestimmungen der **außervertraglichen Haftung** aufgenommen und erörtert.

b. Öffentlicher Gesundheitsdienst: In diesem Fall muss sich die Ersatzforderung des Patienten gegen eine öffentliche, staatliche oder regionale Verwaltung richten. Folglich gelten die Bestimmungen zur Staatshaftung, d.h. die öffentlichen Verantwortlichkeitserlasse (vgl. vorstehend, S. 79 ff.).

2. Patienten als Nutzer von Gesundheitsdiensten

1. Art. 148 Abs. 2 LDCU statuiert für die explizit aufgelisteten Gesundheitsdienste eine **objektive Haftung**; nach Artikel 3 LDCU über "Verbraucher und Nutzer" ist es für die Anwendung des LDCU nicht ausschlaggebend, ob der Arzt seine Dienstleistung als privater Unternehmer oder als Angestellter des Staates (etwa in einem öffentlichen Krankenhaus) anbietet. Eine Schwierigkeit besteht jedoch darin, dass sich das LDCU vor allem auf "Produkte" und deren Inverkehrbringung, nicht aber in erster Linie auf "Dienstleistungen" bezieht, obwohl letztere dennoch durch Art. 148 Abs. 2 LDCU ausdrücklich erwähnt werden (Urteile des Obersten Gerichtshofs, vom 11. Februar 1997, RAJ Nr. 1997/9401; vom 21. Juli 1997, RAJ Nr. 1997/5523; vom 4. Juni 2001, RAJ Nr. 2001/3878).

Nur wenige Gerichtsentscheidungen basieren auf diesen Bestimmungen und für die Ablehnung ihrer Anwendung gelten meist zwei Argumentationslinien: Art. 148 LDCU hängt von den Artikeln 1101 und 1902 CC ab und das LDCU ist eine Verwaltungsnorm und keine zivilrechtliche Regelung. Beide Argumente bieten Raum für Diskussionen. Das Problem besteht darin, dass Art. 148 LDCU keine vollständige und detaillierte Regelung bezüglich der Voraussetzungen der Haftungsklage enthält. Dies verhindert jedoch nicht, dass bezüglich des Schadensersatzes und der Klage auf der Grundlage des Art. 148 LDCU die Parameter für die vertragliche und/oder außervertragliche Haftung zur Anwendung kommen. Immer häufiger werden heute Verantwortlichkeitsprozesse auf der Grundlage des LDCU geführt.

2. Was geschieht, wenn es zu Schädigungen auf Grund **fehlerhafter Medikamente** oder Medizinalprodukte kommt? Das LDCU beinhaltet in Art. 140 Abs. 3 eine Sonderregelung für Medikamente und Nahrungsmittel. Auf diese Weise kann sich der Hersteller nicht seiner Verantwortung entziehen und sich auf den Stand der Technik berufen (Entwicklungsrisiken), sobald das Medikament in Umlauf ist.

Was geschieht mit medizinischen Produkten (*productos sanitarios*), so genannten **Medizinalprodukten** (z.B. einer Prothese)? Art. 8 des spanischen Heilmittelgesetzes (*Ley 25/1990, de 20 de diciembre, del Medicamento*; BOE Nr. 306, vom 22. Dezember 1990. Abkürzung: "LM") befasst sich mit Medizinalprodukten, obwohl die in Art. 6 LM enthaltene Aufzählung der von diesem Gesetz erfassten Medikamente keine Medizinalprodukte enthält. Dies würde bedeuten, dass hier die "Entwicklungsrisiken" als Haftungsausschlussgrund greifen würden.

Art. 6 LM weist allerdings darauf hin, dass die im LM enthaltenen Gesetzesbestimmungen nur bezüglich der auf der Liste erwähnten Medikamente Geltung erlangen. Dies heißt jedoch nicht, dass andere, nicht auf der Liste erwähnten Medikamente nicht vom Anwendungsbereich anderer Gesetze (als dem LM) - im Besonderen bezüglich der Produkthaftung - erfasst würden. Deshalb könnte argumentiert werden, dass die in Art. 140 Abs. 3 LDCU enthaltene Sonderregelung für Medikamente, wonach sich der Hersteller nicht mit haftungsbefreiender Wirkung auf Entwicklungsrisiken berufen kann, auch auf Medizinalprodukte Anwendung findet.

3. Zulässiger Rechtsweg

1. Art. 139 ff LRJAPPAC statuiert erneut das Prinzip der Einheitlichkeit des Rechtsweges und weist auf die alleinige **Zuständigkeit der Verwaltungsgerichtsbarkeit** hin. Sowohl in der Präambel als auch in Art. 1 Abs. 2 RD vom 26. März 1993, durch den die Regelung zum Verfahren über Vermögenshaftung angenommen wird, wird aufgezeigt, dass die Bestimmungen dieser Regelung auf alle von öffentlichen Verwaltungen eingeleiteten, geführten und entschiedenen Verfahren zur Vermögenshaftung in ihren öffentlich-rechtlichen sowie in ihren privatrechtlichen Beziehungen anzuwenden sind. Art. 2 lit. e LJCA von 1998 besagt, dass die verwaltungsgerichtliche Ordnung in folgenden Punkten entscheidet: die Vermögenshaftung der öffentlichen Verwaltung, unabhängig von der Art der Tätigkeit oder Beziehung, aus der sie hervorgeht, schließt eine Klage aus diesem Grund gegenüber der Verwaltung vor der zivilrechtlichen oder sozialen Rechtsprechung aus.

2. Auf der anderen Seite stellt sich die Frage, was geschieht, wenn neben der Verwaltung eine **Privatperson verklagt** wird. In dieser Hinsicht ist die Verwaltungsgerichtsbarkeit richtigerweise nicht zuständig. Muss also der Geschädigte zwei Prozesse anstrengen, nämlich einen verwaltungsrechtlichen und einen zivilrechtlichen? Oder muss vorab geklärt werden, wer haftet, um dann entweder auf dem zivilrechtlichen oder aber dem verwaltungsgerichtlichen Weg vorzugehen? Eine Antwort darauf gibt der 1998 revidierte Art. 9 Abs. 4 LOPJ: Die Forderungen in Bezug auf die Vermögenshaftung der öffentlichen Verwaltungen und ihres Personals können unabhängig von der Art der Tätigkeit oder Beziehung, aus denen sie hervorgehen, geltend gemacht werden. Sind Privatpersonen an der Entstehung des Schadens beteiligt, so kann der Kläger seine Forderungen ihnen gegenüber ebenfalls gleichzeitig auf demselben verwaltungsgerichtlichen Rechtsweg geltend machen.

4. Einwilligung des Patienten. Die *lex artis adhoc*

1. Zur allgemeinen Sorgfaltspflicht eines Arztes zählt auch das Erfordernis der **schriftlichen Einwilligung des Patienten** in die medizinische Behandlung. Der Arzt haftet als Fachmann oder Experte nicht, wenn er die verkehrsübliche Sorgfalt an den Tag legt; er haftet nur, wenn er nicht als der Experte auftritt, der er laut seiner Spezialisierung ist. Dieses Modell mit allen dazugehörigen Handlungen bezeichnet die Rechtsprechung des Obersten Gerichtshofs als *lex artis* oder *lex artis adhoc*.

Eine der Pflichten des Arztes besteht darin, den Patienten zu jedem Zeitpunkt über die notwendige Behandlung, die chirurgischen Eingriffe und Medikamente usw. zu informieren, und ihn auch über die Risiken, die auf Grund der Operation seine Gesundheit oder sein Leben gefährden könnten, **aufzuklären**. Wenn der Patient dazu in der Lage ist, muss er seine Einwilligung zu all diesen Punkten vor der medizinischen Behandlung erteilen. Sollte er dazu nicht (mehr) in der Lage sein, steht das Recht zur Einwilligung den nahen Familienangehörigen zu.

2. In der spanischen Rechtsordnung weisen **unterschiedliche Normen** auf die Voraussetzung der Einwilligung sowie auf die Informationspflicht der Ärzte hin. Art. 17 des LDCU weist zunächst darauf hin, dass jeder Verbraucher oder Nutzer das Recht auf verlässliche Information hat. Dieses Recht wird als ein Grundrecht jedes Verbrauchers angesehen, ein vorheriger Verzicht darauf ist nicht zulässig. Der Patient oder Kranke ist mit Sicherheit ein Verbraucher. Das allgemeine Gesetz 14/1986 über Gesundheit vom 25. April (*Ley 14/1986, de 25 de abril, General de Sanidad*; BOE Nr. 102, vom 29. April 1986. Abkürzung: "LGS") greift dieses Recht in Art. 10 Abs. 5 ebenfalls auf. Drittens besagt Gesetz 25/1990 über Medikamente vom 20. Dezember zum Thema klinische Tests (Art. 60 Abs. 4), dass die Einwilligung aus freien Stücken erfolgen muss. Zahlreiche weitere Normen, wie beispielsweise Art. 1 Abs. 1 des Ethik- und Standeskodex der Ärztekammer (1990), befassen sich mit diesem Thema. Seit Kurzem bezieht sich auch das Übereinkommen über Menschenrechte und Biomedizin in Kapitel II auf die schriftliche Einwilligung der Patienten. Die jüngste Norm in Bezug auf dieses Thema ist das Basisgesetz 41/2002 zur Reglementierung der Autonomie des Patienten und der Rechte und Pflichten im Bereich der Information und der klinischen Dokumentation (auch bezüglich der Autonomen Gebietskörperschaften) vom 14. November (*Ley 41/2002, de 14* *de noviembre, básica reguladora de la autonomía del paciente y de derechos y obligaciones en materia de información y documentación clínica*; BOE Nr. 274, vom 15. November 2002).

a. Zur Einwilligung berechtigte Person. Nach dem Gesetz steht das Recht der Einwilligung dem Patienten oder sonstigen Nutzer der medizinischen Dienstleistung zu (Art. 4 der *Ley 41/2002, de 14 de noviembre, básica reguladora de la autonomía del paciente y de derechos y obligaciones en materia de información y documentación clínica*; BOE Nr. 274, vom 15. November 2002. Abkürzung: "Gesetz 41/2002"). Minderjährige, die je nach Reife geschäftsfähig sind, erteilen die Einwilligung selber, da es sich um ein höchstpersönliches Rechtsgeschäft handelt (Art. 162 Abs. 1 CC). Das Gesetz LO 1/1996 über den rechtlichen Schutz Minderjähriger vom 5. Januar anerkennt in Art. 5 das Recht des Minderjährigen auf Information (Art. 5 Gesetz 41/2002). Besitzt ein Minderjähriger nicht die nötige Reife, muss sein gesetzlicher Vertreter für ihn einwilligen (Art. 9 Abs. 3 Gesetz 41/2002).

Es besteht ebenfalls ein Recht, nicht informiert zu werden, das heißt, ein Recht, auf bestimmte Informationen bewusst zu verzichten (Art. 4 und 9 Abs. 1 Gesetz 41/2002).

b. Geltung der Einwilligung: Die Einwilligung muss vor dem medizinischen Eingriff erteilt werden. Sie gilt grundsätzlich für den vorhersehbaren Verlauf der Behandlung. Dauert die Behandlung allerdings länger und kann diese in Phasen unterteilt werden, so muss die Einwilligung des Patienten für jeden Behandlungsschritt getrennt erfolgen bzw. erneuert werden. Die Einwilligung ist jederzeit widerrufbar (Art. 8 Abs. 4 Gesetz 41/2002).

Die Informationspflicht des Arztes (als Spiegelbild der Einwilligung) ist eine Dauerschuld und beschränkt sich nicht auf den Beginn der medizinischen Behandlung. Der Arzt muss seinen Patienten kontinuierlich über jeden - geplanten oder neu dazu kommenden - Behandlungsschritt orientieren und umfassend über die damit verbundenen Risiken informieren.

c. Form: Nach Art. 10 Abs. 6 LGS hat die Einwilligung durch den Patienten grundsätzlich schriftlich zu erfolgen (einfache Schriftlichkeit). Eine Ausnahme von diesem Schrifterfordernis besteht in dringenden Fällen, bei einer tatsächlichen (z.B. komatöser Zustand des Patienten) oder rechtlichen Unfähigkeit des Kranken oder bei einem Risiko für die öffentliche Gesundheit.

Art. 8. Abs. 1 Gesetz 41/2002 schreibt dagegen vor, dass die Einwilligung mündlich erfolgt und nur unter bestimmten Voraussetzungen in schriftlicher Form gegeben werden muss. Dies stimmt mit den Angaben in Art. 4 Abs. 1 Gesetz 41/2002 überein, wonach die Informationen in der Regel mündlich erteilt werden. Auch wenn die Information schriftlich erfolgt, muss sie dem Einzelfall Rechnung tragen. Rechtlich gesehen handelt es sich nie um ein bloss vorformuliertes Standardformular, obwohl dies in der Praxis häufig so zu geschehen scheint. Vielmehr besteht ein mit jedem Patienten einzeln ausgehandelter Vertrag, der die besondere Risikosituation gerade dieses Patienten reflektieren sollte.

d. Zweck: Der Zweck der Einwilligung besteht darin, den Patienten über die medizinische Intervention nach dem *lex artis adhoc* und den dazugehörigen Risiken, aufzuklären (Art. 10 Abs. 1 lit. a Gesetz 41/2002). Der Patient soll zudem auch über jene Risiken aufgeklärt werden, die mit seiner Person oder seinem Gesundheitszustand zusammen hängen (Art. 10 Abs. 1 lit. b Gesetz 41/2002). Es ist hingegen nicht Zweck der Aufklärung, ein bestimmtes medizinisches Ergebnis zu garantieren, welches vielmehr von verschiedenen, teils zufälligen Faktoren abhängig sein kann.

5. Beweis ärztlichen Verschuldens

1. Im Allgemeinen muss der **Kläger** (Kranker/Patient) **beweisen**, dass der Arzt fahrlässig (oder allenfalls auch vorsätzlich) gehandelt und somit seine Sorgfaltspflicht verletzt hat.

2. Der Oberste Gerichtshof hat jedoch auch Entscheidungen getroffen, bei denen die **Beweispflicht über die Sorgfalt dem Arzt obliegt**. Die letzten Urteile des Obersten Gerichtshofs entlasten den Arzt durch den Beweis *praesumptio hominis* oder unter Anwendung des Rechtsgrundsatzes *res ipsa loquitur* (Urteile des Obersten Gerichtshofs, vom 2. Dezember 1996, RAJ Nr. 1996/8938; vom 22. Mai 1998, RAJ Nr. 1998/3991; vom 9. Dezember 1990, RAJ Nr. 1990/9427; vom 12. Dezember 1998, RAJ Nr. 1998/9431; vom 29. Juni 1999, RAJ Nr. 1999/4895; vom 28. Juni 1999, RAJ Nr. 1999/4894; vom 7. März 2000, RAJ; Nr. 2000/1508; vom 12. Januar 2001, RAJ Nr. 2001/3; vom 27. April 2001, RAJ Nr. 2001/6891).

3. Heute ist dagegen vor allem Art. 217 Abs. 6 LEC, welcher im Jahr 2000 revidiert worden ist, von großer Bedeutung. Nach dieser zivilprozessualen Norm trägt jene **Partei** die Beweislast, die die "**beherrschende Stellung**" einnimmt. Dies bedeutet insbesondere, dass der Richter die Verfügbarkeit und die Möglichkeit der Erhebung von Beweismitteln (*disponibilidad y facilidad probatoria*) durch die jeweilige Partei zu berücksichtigen hat. Die schwächere Partei, im Allgemeinen der Patient, soll damit geschützt werden. Der Arzt hat demnach in der Regel nachzuweisen, dass er im Rahmen der medizinischen Intervention sorgfältig gehandelt hat.

Ausgewählte Literatur

DE ÁNGEL YAGÜEZ, RICARDO, *La responsabilidad civil por actos médicos. Problemas de prueba*, Civitas, Madrid, 1999.

DÍAZ-REGAÑÓN GARCÍA-ALCALÁ, CALIXTO, *El régimen de la prueba en la responsabilidad civil médica*, Aranzadi, Pamplona, 1996.

DÍAZ-REGAÑÓN GARCÍA-ALCALÁ, CALIXTO, *Responsabilidad objetiva y nexo causal en el ámbito sanitario*, Comares, Granada, 2006.

GALÁN CORTÉS, JULIO C., *Responsabilidad médica y consentimiento informado*, Civitas, Madrid, 2000.

SEUBA TORREBLANCA, JOAN C./RAMOS GONZÁLEZ, SONIA, "Derechos y obligaciones en materia de autonomía privada, información y documentación clínica", Working Paper Nr. 138, www.indret.com.

VIII. Haftung von Dienstleistern

1. Die **allgemeinen Bestimmungen** zur Haftung für fehlerhafte Dienstleistungen sind in Art. 147 - 149 LDCU geregelt. Art. 147 LDCU stipuliert dabei den Grundsatz, wonach Dienstleister den Konsumenten und Nutzern der von ihnen angebotenen Dienstleistungen für dadurch entstandene Schäden und andere Nachteile haften. Dies gilt nicht, wenn es ihnen gelingt, nachzuweisen, dass sie alle gesetzlichen Bestimmungen und Regeln sowie auch alle anderen bezüglich der ordentlichen Ausführung der Dienstleistung nötigen Sorgfaltspflichten befolgt haben. Der Gesetzgeber scheint daher eine **Verschuldenshaftung mit Beweislastumkehr** eingeführt zu haben.

2. Art. 148 LDCU führt jedoch einen **Kausalhaftungstatbestand** für Dienstleistungen ein, die durch gesetzliche Vorgaben oder wegen der Natur der (gefahrgeneigten) Tätigkeit notwendigerweise unter Berücksichtigung gewisser, objektiv bestimmter oder bestimmbarer Sicherheits- oder Leistungsstufen angeboten werden müssen. Dabei geht es um Dienstleistungen, bei denen regelmäßige technische, fachliche oder systematische Qualitätskontrollen zugunsten des Konsumenten oder Nutzers durchgeführt werden. In diesen vom Gesetz definierten Fällen haftet der Dienstleister dem Konsumenten oder Nutzer kausal.

3. Nachfolgend wird die **zivilrechtliche Haftung von einzelnen Dienstleistern** behandelt, dies mit einem Fokus auf die Haftung juristischer Dienstleistungen (1.). Dieser Darstellung folgt eine Einleitung zur Haftung für Mängel im Bauwesen (2.) sowie zur Haftung von Dienstleistern in der Informationsgesellschaft (3.).

1. Juristische Dienstleistungen

1.1. Anwälte

1. Die Haftung eines Anwalts kann je nach den Umständen **vertraglich oder außervertraglich** sein.

2. Die **vertragliche Haftung** (Urteile des Obersten Gerichtshofs vom 8. Februar 2007, RAJ Nr. 2007/945, vom 22. Dezember 2006, RAJ Nr. 2007/306, vom 15. Juni 2005, RAJ Nr. 2005/ 4460) kann sich zunächst (**Regelfall**) aus einem **Auftrag** ergeben (*mandato*; Art. 1709-1739

CC). Dies ist beispielsweise bei der nicht-streitigen Vertretung (Vertretung außerhalb eines Rechtsstreits) der Fall.

Im Weiteren kann das Vertragsverhältnis mit dem Anwalt in gewissen Fällen auch als **Dienstvertrag** zu qualifizieren sein (*contrato de servicio;* Art. 1542-1545 CC und Art. 1583-1600 CC). Als Beispiel kann etwa das Verfassen einer Klageschrift angefügt werden. In beiden bisher erwähnten Fällen schuldet der Rechtsanwalt ein sorgfältiges Tätigwerden. Schließlich gibt es auch jenen Fall, in welchem der Anwalt einen Erfolg schuldet und das zugrunde liegende Vertragsverhältnis ein **Werkvertrag** ist (*contrato de obra*; Art. 1542-1545 CC und Art. 1583-1600 CC), wie etwa das Verfassen eines Rechtsgutachtens (*informe, dictamen*).

Das Kriterium für die Haftungszurechnung (*criterio de imputación*) ist subjektiv. Der Kläger ist deshalb grundsätzlich voll beweispflichtig und hat auch das Verschulden des Anwalts - bzw. dessen Sorgfaltspflichtverletzung - nachzuweisen. Durch die Rechtsprechung wird die Beweislast jedoch *in praxi* oft umgekehrt (vgl. Art. 147 LDCU bezüglich des Konsumenten), wodurch eine **Verschuldenshaftung mit Beweislastumkehr** vorliegt.

3. Abgesehen von den Normen des Zivilgesetzbuches muss auch das Königliche Dekret RD 658/2001 zur Annahme der Rechtsanwaltsordnung vom 22. Juni (*por la que se aprueba el estatuto general de la abogacía española*; BOE Nr 164, vom 10. Juli 2001) in Betracht gezogen werden. Dessen Artikel 42 und 43 beziehen sich auf die Pflichten des Anwalts gegenüber seinem Mandanten, die die **größtmögliche Sorgfalt** sowie die **Wahrung des Berufsgeheimnisses** beinhalten. Art. 78 RD erinnert sodann an den allgemeinen Grundsatz, wonach der Anwalt für seine sorgfältige Berufsausübung haftet, sofern er einer anderen Person - insbesondere seinem Mandanten - dadurch widerrechtlich Schaden zufügt hat. Es ist dabei unerheblich, ob diese Haftung vertraglicher oder außervertraglicher Natur ist.

4. Selbstverständlich unterliegen Anwälte im Fall eines Vergehens oder eines Fehlers bei der Ausübung ihres Berufs ebenfalls der strafrechtlichen Haftung. Außerdem unterliegen sie im Fall einer Verletzung ihrer beruflichen und standesrechtlichen Pflichten der **Disziplinarhaftung**. Der am 30. Juni 2000 vom Rat der obersten Vertretung der spanischen Anwaltschaft (*Consejo General de la Abogacía*; www.cgae.es)

angenommene Standeskodex (*Código Deontológico*) weist auf zahlreiche Verpflichtungen der Anwälte hin.

5. Die nachfolgende Darstellung enthält einige konkrete, von der Rechtsprechung beurteilte **Fälle zur Anwaltshaftung**:

a. Irrtümliche Auslegung einer Gesetzesbestimmung auf Grund von Unwissenheit oder Zitierung einer außer Kraft gesetzten Norm. Der Anwalt muss im Interesse des Mandanten im Allgemeinen die Strategie mit dem geringsten Risiko wählen.

Eine Entscheidung des Obersten Gerichtshofs vom 30. Dezember 2002 verurteilte einen Anwalt zur Zahlung von Schadensersatz an seinen Mandanten, da der Anwalt es unterlassen hatte, den in Art. 20 LCS angeführten Verzugsschaden (Verzugszins) einzufordern, auf welchen sein Mandant ein gesetzliches Anrecht hatte (Urteil des Obersten Gerichtshofs vom 30. März 2006, RAJ Nr. 2006/2129).

b. Unterlassungen. Häufig wird die Haftung des Anwaltes mit der unterlassenen Berufung auf eine gesetzliche (Ausnahme-)Regelung, die möglicherweise hätte Anwendung finden können, mit dem Unterlassen einer Klageerhebung oder einem nicht ergriffenen Rechtsmittel begründet (Urteil des Obersten Gerichtshofs vom 21. Juni 2007, RAJ Nr. 2007/3781).

c. Ein weiterer Haftungsgrund kann im zwar aktiven, aber **irrtümlichen Verhalten** eines Anwalts zu Lasten seines Mandanten bestehen. Beispiele sind etwa die falsche Prozesswahl oder die Klageerhebung vor einem (sachlich oder örtlich) unzuständigen Richter (Urteil des Obersten Gerichtshofs vom 21. Juni 2007, RAJ Nr. 2007/ 3783).

6. Die Schwierigkeit besteht in der Bestimmung und **Bewertung** des **Schadens**, die ein Anwalt seinem Mandanten oder einem Dritten zufügt hat:

a. Bezüglich **immateriellen Schäden** haben sowohl der Mandant als auch der Dritte beispielsweise die Möglichkeit, den Anwalt wegen Verletzung ihrer Ehre oder Privatsphäre haftpflichtrechtlich zu belangen. Der Anwalt wird in diesen Fällen zur Leistung eines Schmerzensgeldes als Abgeltung für die erlittene immaterielle Unbill verpflichtet.

b. Bezüglich **materiellen Schäden** gestaltet sich die Geltendmachung in der Praxis oft schwieriger. Gerade im prozessualen Bereich ist es für den Mandanten oft schwierig, zu beweisen, dass ein bestimmter

Rechtsstreit ohne den Fehler des Anwaltes auch tatsächlich zu seinen Gunsten entschieden worden wäre.

1.2. Prozessbevollmächtige

1. In Spanien darf die Erhebung der Klage nur duch einen - **neben** den **Anwälten** bestehenden - **Prozessbevollmächtigten** (*procurador*) erfolgen. Der Prozessbevollmächtigte ist dabei ein Jurist, dessen Aufgabe sich auf die (korrekte) formelle Abwicklung des Prozesses für seinen Mandanten beschränkt.

2. Der Prozessbevollmächtigte steht dabei mit dem Mandanten in einem Auftragsverhältnis (Art. 26 Abs. 2 Ziff. 2 LEC). Die vom Prozessbevollmächtigten anzuwendende Sorgfalt bezieht sich auf seine **Rolle als Experte**. Seine Berufspflichten werden vor allem in den Gesetzen LOPJ und LEC sowie im Statut zu den Regeln des Berufs des Prozessbevollmächtigten (*Estatuto General de los Procuradores de los Tribunales de España*; http://www.cgpe.es), welches durch RD 1281/2002 vom 5. Dezember (BOE Nr. 305, vom 21. Dezember 2002) im Jahr 2006 abgeändert worden ist, präzisiert. Art. 57 Abs. 2 dieses Dekrets weist abgesehen von der Disziplinarhaftung auf die zivil- und strafrechtliche Haftung hin (Urteile des Obersten Gerichtshofs vom 27. Februar 2006, RAJ Nr. 2006/1564; vom 11. Mai 2006, RAJ Nr. 2006/3950).

3. In der Rechtsprechung basieren die meisten Fälle zivilrechtlicher Haftung der Prozessbevollmächtigten auf dem **Unterlassen** von (rechtzeitigen) **Klageerhebungen, Klageerwiderungen** sowie der unterlassenen (rechtzeitigen) Einlegung von **Rechtsmitteln** durch dieselben.

1.3. Grundbuchführer

1. Die zivilrechtliche Haftung der Grundbuchführer wird im Gesetz über die Hypotheken geregelt (Art. 296-312 LH). Des Weiteren unterliegen sie der in Art. 313-318 LH genannten Disziplinarhaftung. Art. 296 LH nennt die **Voraussetzungen**, unter denen ein Grundbuchführer zivilrechtlich haftet:

a. Unterlassen einer Eintragung in das Grundbuch, Unterlassen einer vorsorglichen Eintragung oder Vormerkung des Anrechts im Register in der vom Gesetz vorgegebenen Frist (Urteil des Obersten Gerichtshofs vom 23. Oktober 2002, RAJ Nr. 2002/9305);

b. Fehler oder Ungenauigkeiten bei der Rechtseintragung, Löschung, Vormerkung oder bei Randvermerken (Urteil des Obersten Gerichtshofs vom 28. Juni 2006, RAJ Nr. 2006/5978);

c. Unbegründetes Unterlassen der Löschung einer Eintragung oder Vormerkung sowie Unterlassen der Eintragung eines Randvermerks in der vorgegebenen Frist;

d. Löschung einer Eintragung, Vormerkung oder eines Randvermerks ohne Berechtigung oder ohne Beachtung der gesetzlichen Vorgaben und Formvorschriften (Urteil des Obersten Gerichtshofs vom 18. Mai 2006, RAJ Nr. 2006/3809);

e. Fehler oder Unterlassen bei Eintragungsbescheinigungen oder sonstigen Bescheinigungen der Grundstücke oder des dinglichen Rechts oder Unterlassen der Ausstellung einer Bescheinigung in der gesetzlichen Frist.

2. Zusätzlich zu den in Art. 296 LH genannten Fällen lassen sich folgende **weitere Fälle** nennen:

a. Verlust eines dinglichen Rechts (Art. 300 LH);

b. Haftung aufgrund von Entscheidungen des Grundbuchführers (Art. 18, 99, 100 LH);

c. Haftung gestützt auf die Aufgabe des Grundbuchführers, amtliche Benachrichtigungen (*notificaciónes*) auszustellen (Art. 659 LEC);

d. Haftung des Grundbuchführers für die Handlungen seiner Angestellten (Art. 299 LH).

1.4. Notare

Die Disziplinarhaftung wird in Art. 346-364 des *Reglamento Notarial* (RN) erläutert. Im Unterschied zu den Grundbuchführern existiert bei Notaren keine systematische und spezifische Regelung ihrer zivilrechtlichen Haftung. Es gibt lediglich einige Bestimmungen dazu (Art. 145 und 146 RN sowie Art. 705 und 715 CC). Die Haftung des Notars ist je nach

Fall vertraglich oder außervertraglich (Urteil des Obersten Gerichtshofs vom 19. Juli 2003, RAJ Nr. 2003/ 5387). Tabellarisch lassen sich folgende **Voraussetzungen** für die Haftung des Notars zusammenfassen:

a. Weigerung der Amtsausübung des Notars (Art. 2 LN, Art. 145 RN);
b. Untätigkeit bei der Ausübung der notariellen Dienstleistung (Art. 349 RN);
c. Ungehörige Ausübung seines Amtes (Art. 145 RN);
d. Notarielle Haftung für die Nichtigkeit des Testaments (Art. 705 CC);
e. Haftung des Notars wegen nicht erfolgter Vorlage des verschlossenen Testaments beim Richter (Art. 712 CC);
f. Haftung wegen nicht erfolgter Eintragung eines beglaubigten Dokuments in das Register (Art. 21-22 LH, 173 RN);
g. Haftung wegen Unterlassen der Einziehung von Informationen bezüglich bestehender dinglicher Rechte aus dem Register vor dem Verfassen eines notwendigen Aktes über den Kaufgegenstand (Art. 175 RN);
h. Haftung bei Verzug bei der Ausstellung notariell beglaubigter Kopien (*copias autorizadas*; Art. 249 RN);
i. Haftung auf Grund fehlender Mitteilung (per Fax) von eintragungspflichtigen noteriellen Akten an das Eigentums- oder Handelsregister (Art. 249 Abs. 2 RN);
j. Haftung auf Grund der Vertraulichkeit des Protokolls (Art. 32 RN).

2. Mängel im Bauwesen

2.1. Einleitung

1. Die Haftungstatbestände bei **Mängeln im Bauwesen** sind Gegenstand eines **Spezialgesetzes**, nämlich des Gesetzes 38/1999 zur Ordnung des Bauwesens (*Ley 38/1999, de 5 de noviembre de ordenación de la edificación*; BOE Nr. 266, vom 6. November 1999. Abkürzung: "LOE"). Dieses Gesetz untermauert die bestehende Rechtslehre in Bezug auf die so genannte "Dezennalhaftung" (nachstehend: 2.e), die Haftung für "funktionale Mängel" sowie die Haftung des Bauunternehmer, des Bauträgers und anderer am Bau beteiligter Fachleute.

2. Die **Grundzüge des Haftungskonzepts** bei Mängeln im Bauwesen lassen sich wie folgt umschreiben:

a. Schaffung eines Haftungskonzepts für "funktionale Mängel". Beim "funktionalen Mangel" (*vicio ruinógeno*) handelt es sich im spanischen Recht um einen Mangel an der Beschaffenheit des Werkes, dass durch den Mangel nicht (oder nicht mehr) für den vorgesehenen und vertraglich vereinbarten Zweck (z.B. als Familienwohnung) benutzt werden kann;

b. Die Haftung bezieht sich auf alle Personen, die am Bauprozess beteiligt waren, so insbesondere auf den Bauträger, Bauunternehmer, Architekten oder auch der Baustellenleiter;

c. All die beteiligten Personen unterliegen grundsätzlich der gesamtschuldnerischen (solidarischen) Haftung;

d. Nicht nur der Werkeigentümer ist im Haftungsprozess klageberechtigt, sondern auch alle nachfolgenden Käufer, die das Werk später erwerben;

e. Im spanischen Recht beträgt die Gewährleistungsfrist für ein Bauwerk grundsätzlich 10 (zehn) Jahre. Diese Gewährleistung bedeutet, dass jeglicher in diesem Zeitraum anfallende Mangel vom Beklagten (Baufirma, Architekt, Baustellellenleiter usw.) unabhängig von seiner (individuellen) Schuld behoben werden muss. Diese Gewährleistung wird im spanischen Recht als "Dezennalgarantie" bezeichnet. Dieser Zeitrahmen unterscheidet sich von der 15-jährigen Verjährungsfrist des *Código Civil* für die Klageerhebung im Falle vertraglicher Haftung (Art. 1964 CC).

3. Der Werkvertrag wird nicht durch das zitierte Gesetz zur Ordnung des Bauwesens (LOE), sondern als normierter Vertragstypus vom *Código Civil* erfasst (vgl. Art. 1544 i.V.m. Art. 1588 ff. CC). Auch die vertragliche Beziehung zwischen dem Besteller und dem Letzterwerber, d.h. der Grundstückkaufvertrag, wird nicht durch das Gesetz zur Ordnung des Bauwesens sondern durch den *Código Civil* geregelt.

Der sachliche Geltungsbereich des Gesetzes ist auf die Erstellung eines Bauwerkes bzw. auf die Konstruktion eines Gebäudes beschränkt. Daher regelt es den Bauvertrag zwischen dem Bauträger und der Baufirma. Der **Bauträger** ist die natürliche oder juristische, öffentliche oder private Person, die alleine oder mit anderen Personen die Bauarbeiten für sich oder für den späteren Verkauf, Abgabe oder Übertragung an Dritte aus jeglichen Gründen beschließt, vorantreibt, plant und mit eigenen oder fremden Mitteln finanziert (Art. 9 Abs. 1 LOE). Die **Baufirma** verpflichtet sich gegenüber dem Bauträger vertraglich dazu, eigenes oder fremdes Personal und Material für die Baustelle oder Teile der Baustelle im Rahmen des Projekts und des Vertrages zur Verfügung zu stellen (Art. 11 Abs. 1 LOE).

4. Das LOE befasst sich ebenfalls mit anderen **am Bau beteiligten Personen**, wie dem Projektleiter (Art. 10 LOE), dem Baustellenleiter (Art. 12 LOE), dem Bauleiter (Art. 13 LOE), den Behörden und Kontrollinstanzen für die Bauqualität (Art. 14 LOE) sowie den Materialzulieferern (Art. 15 LOE). Die Beziehung zwischen diesen Personen und dem Bauträger und/oder der Baufirma sind vertraglicher Art, oft handelt es sich um Subunternehmerverträge. Letztere werden in Gesetz 32/2006 zur Regelung von Subunternehmerverträgen im Bauwesen geregelt (*Ley 32/2006, de 18 de octubre, reguladora de la subcontratación en el sector de la construcción*; BOE Nr. 250, vom 19. Oktober 2006).

5. Wichtig ist auch, dass **jede einzelne Person für spezifische Mängel und Fehler haftet**, wie das LOE bestimmt. Konkret gesagt wird ein spezifisches Haftungssystem gegenüber den Eigentümern und Drittkäufern der Gebäude oder Teile der Gebäude für bestimmte Baumängel in jeweils unterschiedlichen Fristen eingerichtet. Die Fristen gelten ab dem Zeitpunkt der vorbehaltlosen Werkabnahme oder ab der Beseitigung der angebrachten Vorbehalte (Art. 17 Abs. 1 LOE). Dieses Haftungsrecht gilt nicht für Körperschäden, die der Regelung in Art. 1902 CC unterliegen. Es gilt auch nicht für Gebäudeschäden, für die der Verkäufer, der nicht als Vertreter des Gebäudes (z.B. Wohnungen aus zweiter Hand) auftritt, denn hier gilt die Haftung aus den verdeckten Mängeln beim Kauf (Art. 1484 ff. CC).

2.2. Haftende

1. Die **haftenden Personen** werden als **Projektbeteiligte am Bau** erachtet (Art. 8 LOE). Es handelt sich hierbei um folgende Personen: den Bauträger, den Bauunternehmer und die Subunternehmer, Baustellenleiter und Bauleiter. Sie haften wie folgt:

a. Der **Bauunternehmer** (*constructor*) haftet für die Handlungen seiner Angestellten und Hilfspersonen (Art. 17 Abs. 6 Ziff. I LOE), für die von den Subunternehmern verursachten Schäden (Art. 17 Abs. 6 Ziff. II LOE), für Schäden bei den am Bau verwendeten Materialien (Art. 17 Abs. 6 Ziff. III LOE). In den letzten beiden Fällen hat der Bauunternehmer seinerseits das Recht, die gezahlten Leistungen regressweise geltend zu machen.

b. Der **Projektleiter** (*proyectista*) haftet direkt für die Subunternehmer, hat jedoch seinerseits ein Rückforderungsrecht gegen haftende Subunternehmer (Art. 17 Abs. 5 III LOE; vgl. Urteil des Obersten Gerichtshofs vom 22. Juni 2007, RAJ Nr. 2007/3452).

c. Der **Baustellenleiter** (*director de la obra*) haftet für Schäden, die unter seiner Leitung bei der Projektumsetzung entstehen, obwohl er bei der Ausarbeitung des Projekts selbst nicht beteiligt war (Art. 17 Abs. 7 II LOE). Er haftet jedoch *a fortiori* auch, wenn er an der Projektausarbeitung ausnahmsweise beteiligt gewesen sein sollte (Urteil des Obersten Gerichtshofs vom 18. Dezember 2001, RAJ Nr. 2001/9494).

2. Sie alle **haften einzeln** für Schäden, die durch eine konkrete, von ihnen ausgeführte Handlung entstanden sind. Sollten mehrere Projektbeteiligte tätig geworden sein und es somit unmöglich sein, das Maß an Beteiligung oder die konkrete Handlung jedes Beteiligten auszumachen, so haften sie gesamtschuldnerisch (Art. 17 Abs. 3 LOE). In der Regel haften allerdings einer oder mehrere der oben aufgeführten Projektbeteiligten ohnehin gesamtschuldnerisch mit dem Bauträger (*Promotora*) (Art. 17 Abs. 3 *in fine* LOE; vgl. Urteil des Obersten Gerichtshofs vom 2. Januar 2007, RAJ Nr. 2007/1277).

Zur Klage aktivlegitimiert sind sowohl der Eigentümer des Gebäudes - sei dies als Allein-, Gesamt-, Teil- oder Stockwerkeigentümer - als auch jeder nachfolgende Käufer (*los terceros adquirentes*), der das Bauwerk oder einzelne Wohnungen oder Geschäftsräume davon erworben hat (Art. 17 Abs. 1 LOE).

2.3. Zu ersetzende Schäden

1. Für am **Gebäude verursachte Materialschäden** (Art. 17 Abs. 1 LOE) wird gehaftet. Konkret gilt folgendes:

a. Strukturelle Mängel: Schäden, die die Zementierung, Stützen, Träger, das Fachwerk, das tragende Mauerwerk oder andere strukturelle Elemente betreffen und welche die Stabilität und Statik des Gebäudes direkt gefährden;

b. Nicht strukturelle Mängel: Schäden, die auf Grund von Fehlern an anderen, als den gerade (a.) erwähnten Bauteilen oder an Installationen entstanden sind, die aber die Bewohnbarkeit oder Gebrauchstauglichkeit des Werkes verhindern oder beeinträchtigen (Art. 17 Abs. 3 LOE; vgl. das Urteil des Obersten Gerichtshofs vom 20. Dezember 2006, RAJ Nr. 2006/8226);

c. Mängel bei der Beendigung oder Baufertigstellung: Mängel bei der Durchführung, die die Baufertigstellung beeinträchtigen (Art. 17 Abs. 1 *in fine* LOE; vgl. das Urteil des Obersten Gerichtshofs vom 10. September 2007, RAJ Nr. 2007/4963).

2. Das LOE sieht eine subjektive Haftung (Verschuldenshaftung) mit **Umkehrung der Beweislast** vor (Art. 17 Abs. 8 LOE).

3. Die Länge der **Verjährungsfrist** hängt von der Art des Mangels ab, unabhängig davon, ob es sich um einen verdeckten oder offensichtlichen Mangel handelt:

- strukturelle Mängel: zehn Jahre (Art. 17 Abs. 1 lit. a LOE);
- nicht strukturelle Mängel: drei Jahre (Art. 17 Abs. 1 lit. b LOE);
- Schaden bei der Baufertigstellung: ein Jahr (Art. 17 Abs. 1 *in fine* LOE).

Die davon zu unterscheidende **Klagefrist** beträgt zwei Jahre ab dem Zeitpunkt, zu dem der Schaden nach außen hin deutlich sichtbar wird (Art. 18 Abs. 1 LOE).

4. Das LOE sieht den Abschluss einer **Materialschadenversicherung** oder einer **Kautionsversicherung** vor (Art. 19 Abs. 3 LOE).

3. Dienstleister in der Informationsgesellschaft

1. Das Gesetz 34/2002 über Dienstleistungen in der Informationsgesellschaft und im elektronischen Handel vom 11. Juli 2002 (*Ley 34/2002, de 11 de julio, de servicios de la sociedad de la información y del comercio electrónico*; BOE Nr. 166, vom 12. Juli 2002) beschäftigt sich vornehmlich mit **Dienstleistungen im Netz (Internet) und dem elektronischen Handel** und soll vor allem der Umsetzung der Richtlinie 2000/31/EG des Europäischen Parlaments und des Rates vom 8. Juni in die spanische Rechtsordnung dienen. Des Weiteren bezieht sie zum Teil die Richtlinie 98/27/EG zu Unterlassungsklagen bezüglich des Schutzes der Interessen der Verbraucher mit ein. Das Gesetz beinhaltet jedoch auch einige Aspekte, die es nicht selber erläutert und die einer genaueren Betrachtung bedürfen (z.B. die Haftung für Links und Suchmaschinen).

Das Gesetz greift weder alle Aspekte bezüglich der elektronischen Signatur auf, die in einem anderen Gesetz von 2003 getrennt geregelt werden (*Ley 59/2003, de 19 de diciembre, de firma electrónica*; BOE Nr. 304, vom 20. Dezember 2003), noch beinhaltet es alle Gesichtspunkte zu den Auswirkungen der Dienstleistungen der Informationsgesellschaft auf das geistige Eigentum, die ebenfalls in einem getrennten Gesetz enthalten sind (*Ley 23/2006, de 7 de julio, por la que se modifica el texto refundido de la ley de propiedad intelectual aprobado por el RD legislativo 1/1996, de 12 de abril*; BOE Nr. 162, vom 8. Juli 2006).

2. Bevor die Haftung der Dienstleister der Informationsgesellschaft thematisiert wird, werden zunächst einige **Definitionen** aus dem Anhang des Gesetzes 34/2002 aufgeführt:

a. Dienstleister: Jede natürliche oder juristische Person, die eine Dienstleistung in der Informationsgesellschaft anbietet;

b. Dienstleistung in der Informationsgesellschaft: Jede Dienstleistung, die gegen Entgelt, im Wege des Fernabsatzes, auf elektronischem Weg und auf Anfrage des Empfängers erfolgt (*on-demand*). Sie beinhaltet auch kostenlose Dienstleistungen für die Empfänger, insofern dies für den Dienstleister eine wirtschaftliche Tätigkeit darstellt. Im Folgenden seien einige Beispiele einer solchen Dienstleistung genannt: auf elektronischem Weg geschlossene Verträge über Güter oder Dienstleistungen; Organisation und Durchführung von Versteigerungen über elektronische Medien oder auf virtuellen Märkten; Einkäufe, die von Personengruppen über das Netz getätigt werden; Versand von Handelskommunikation; Zustellung von Informationen und Video *on-demand.*

c. Empfänger der Dienstleistung: Eine natürliche oder juristische Person, die aus beruflichen oder anderen Gründen eine Dienstleistung aus dem Netz in Anspruch nimmt;

d. Verbraucher: Die in Art. 3 LDCU bestimmte natürliche oder juristische Person.

3. Im Unterschied zu einem Dienstleister von Informationen, d.h. jegliche Person, die eine Dienstleistung im Netz anbietet, stellen **Vermittlungsdienstleister** besondere Dienstleistungen im Netz zur Verfügung (z.B. Netzzugang für Endempfänger, *Hosting* und Datenspeicherung oder Websites). Sie vermitteln zwischen den Empfängern ihrer Dienstleistungen und den übrigen Nutzern dieser Information oder Daten. Es geht dabei *nota bene* um Daten, die missbraucht werden könnten.

4. In Art. 13 bis 17 legt das Gesetz 34/2002 die Haftung der Dienstleister dar. Art. 13 Gesetz 34/2002 stellt den allgemeinen Grundsatz auf, wonach die Dienstleister in der Informationsgesellschaft in ihren Handlungen der von der Rechtsordnung vorgegebenen zivil- und strafrechtlichen Haftung sowie der Verwaltungshaftung unterliegen. Das Gesetz weist konkret auf die Haftung der Dienstleister hin, die durch **Übertragung, Kopieren, *Hosting* und Ablage von Daten im Netz** als Vermittler tätig sind. Diese Dienstleister haben die Pflicht, mit den öffentlichen Behörden zur Lokalisierung von Betreibern illegaler Tätigkeiten oder Inhalte über das Netz zusammen zu arbeiten.

5. Das Gesetz unterscheidet dabei die **folgenden Tatbestände**, die auch haftungsrechtlich separat gewürdigt werden:

a. Netzwerkbetreiber und *Access-Provider* (*operadores de redes y proveedores de acceso*). Während der Netzwerkbetreiber dem Konsumenten ein Netzwerk zur Verfügung stellt, vermittelt der *Access-Provider* in der Regel lediglich den technischen Zugang zum Netz (z.B. eine Telefongesellschaft). Im Allgemeinen sind weder die Netzwerkbetreiber noch *Access-Provider* für die übermittelten Informationen haftungsrechtlich verantwortlich. Dieses Prinzip ist allerdings dann zu relativieren, wenn der Netzwerkbetreiber oder *Access-Provider* die beanstandeten Daten selbst eingespeist, verändert oder ausgewählt hat sowie wenn er für die Auswahl der Datenempfänger zuständig gewesen ist (Art. 14 Gesetz 34/2002).

b. ***Cache*** - Serviceprovider, die temporäre Kopien von Dateien erstellen, welche von den Nutzern angefordert werden (*caching-alojamiento provisional; hosting-alojamiento de datos*). *Cache* bezeichnet in der EDV einen schnellen Puffer-Speicher, der in unterschiedlichen Geräten wie z.B. in Hauptprozessoren oder in Festplatten zum Einsatz kommt. Ein *Cache* enthält Kopien von Inhalten eines anderen (Hintergrund-)Speichers und beschleunigt somit den Zugriff darauf. Sofern der *Cache* einzig mit dem Ziel betrieben wird, die Datenübermittlung zu anderen Empfängern bzw. Benutzern zu vereinfachen, ist der *Cache*-Anwender grundsätzlich weder für den Inhalt der Daten noch für die temporäre Wiedergabe verantwortlich. Auch dieser Grundsatz wird wiederum durchbrochen, wenn der *Cache*-Anwender überlassene Informationen verändert oder manipuliert oder irgendwelchen beliebigen Empfängern (und nicht bloß jenen, die einen Zugang haben sollten) zur Verfügung stellt. Im Weiteren kann eine Haftung des *Cache*-Anwenders darauf beruhen, dass eine Verwaltungs- oder Justizbehörde die Entfernung bestimmter Daten/ Information angeordnet hat, diese Anordnung aber vom *Cache*-Anwender missachtet wird (Art. 15 Gesetz 34/2002).

c. ***Hosting*** (*prestadores de servicios de alojamiento o almacenamiento de datos*). *Webhosting*, oft nur als *Hosting* bezeichnet, ist die Unterbringung von Webseiten auf einem an das Internet angeschlossenen Server eines Providers. Der Nutzer hat dann die Möglichkeit, Dateien wie seine Homepage oder auch Bilder auf seiner *Webspace* abzulegen. Der *Host* kann grundsätzlich nicht zur Verantwortung gezogen werden für Informationen, die auf Anforderung des Empfängers abgespeichert worden sind, sofern der *Host* keine tatsächliche Kenntnis davon hat, dass die abgespeicherten Daten illegal sind oder die Rechte oder Güter - möglicherweise haftpflichtrechtlich geschützter - Dritter verletzen (Art. 16 Gesetz 34/2002).

d. ***Links*** werden von Dienstleistern zur Verfügung gestellt, um damit die Verbindung zu bestimmten elektronisch abgespeicherte Inhalten oder Suchinstrumenten zu erleichtern. Personen (Dienstleister), die solche *Links* zur Verfügung stellen bzw. aufschalten, haften grundsätzlich nicht für die in den durch den *Link* verbundenen *Websites* für die Empfänger enthaltenen Informationen, sofern die den Link zur Verfügung stellende Person keine tatsächliche Kenntnis davon hat, dass die abgespeicherten Daten illegal sind oder die Rechte oder Güter (möglicherweise haftpflichtrechtlich geschützter) Dritter verletzen und sofern gegebenenfalls die notwendigen Vorkehrungen zur Entfernung oder Inaktivierung eines *Links* getroffen worden sind (Art. 17 Gesetz 34/2002).

6. Freie Dienstleistungen in der Informationsgesellschaft unterliegen den Beschränkungen von Art. 8 Gesetz 34/2002, was bedeutet, dass sie folgende Grundsätze nicht verletzen dürfen: Erhaltung der öffentlichen Ordnung, strafrechtliche Untersuchungen, öffentliche Sicherheit und nationale Verteidigung, Schutz der öffentlichen Gesundheit oder der Verbraucher, Achtung der Würde des Menschen, Nichtdiskriminierung, Jugend- und Kinderschutz.

4. Exkurs: Managerhaftung

1. Sorgfaltspflichten des Verwaltungsrates. Im Gegensatz zum deutschen Recht ist das spanische Aktienrecht einstufig konzipiert. Es besteht kein zwingender Aufsichtsrat, sondern nur ein so genannter "Verwaltungsrat" (*adminstrador*), der als Pendant des deutschen Vorstandes verstanden werden kann. Nach Art. 127 des 1989 revidierten spanischen Aktienrechts (*Real Decreto Legislativo 1564/1989, de 22 de diciembre, por el que se aprueba el texto refundido de la Ley de Sociedades Anónimas*; BOE Nr. 98, vom 25. April 2006. Abkürzung: "LSA") hat der Verwaltungsrat seine Aufgabe mit der Sorgfalt eines vorsichtigen Unternehmers (*diligencia de un ordenado empresario*) zu erledigen.

2. Diese allgemeine, in Art. 127 LSA statuierte Sorgfaltspflicht wurde in Folge des "*Adama*"-Berichtes zur *Corporate Governance* im Jahre 2003 wesentlich ergänzt (*Ley 26/2003, de 17 de julio, por la que se modifican la Ley 24/1988, de 28 de julio, del Mercado de Valores, y el texto refundido de la Ley de Sociedades Anónimas, aprobado por el Real Decreto Legislativo 1564/1989, de 22 de diciembre, con el fin de reforzar la transparencia de las sociedades anónimas cotizadas*; BOE Nr. 171, vom 18. Juli 2003). Im Einzelnen umfasst die Sorgfaltspflicht des Verwaltungsrates heute folgende allgemeinen **Aspekte**:

- Pflicht, die Gesellschaft sorgfältig zu verwalten (*deber de diligente administración*; Art. 127 Abs. 1 LSA);
- Pflicht, sich regelmäßig über den Geschäftsgang der Gesellschaft zu orientieren (*informarse diligentemente sobre la marcha de la sociedad*; Art. 127 Abs. 2 LSA);

- Treuepflicht (*deber de fidelidad*). Diese Pflicht verlangt vom Verwaltungsrat ein dem Geschäftszweck und dem Geschäftsinteresse förderliches Verhalten, welches darüber hinaus in Einklang mit der Gesellschaftssatzung bzw. den Statuten steht (Art. 127bis LSA);
- Redlichkeitspflicht (*deber de lealtad*). Nach Art. 127ter LSA hat sich der Verwaltungsrat redlich und ehrlich zu verhalten. Als Ausfluss dieser Pflicht hat der Verwaltungsrat etwa Geschäfte zum persönlichen (finanziellen) Vorteil unter Verwendung seiner Stellung oder der Firma der Gesellschaft zu unterlassen, seine Beteiligungen an anderen, demselben Geschäftszweig angehörigen Unternehmen offen zu legen oder ganz allgemein bestehende Interessenskonflikte zu melden;
- Geheimhaltungspflicht (*deber de secreto*). Nach Art. 127quarter LSA muss der Verwaltungsrat vertrauliche Geschäftsdaten geheim halten. Diese Geheimhaltungspflicht gilt auch für Verwaltungsräte, die bereits aus ihrer Funktion ausgeschieden sind.

3. Anspruchsberechtigte. Nach Art. 133 LSA ist der Verwaltungsrat für den von ihm verursachten Schaden der Gesellschaft, den Aktionären sowie den Gesellschaftsgläubigern verantwortlich. Zur Klage aktiv legitimiert sind deshalb (i) die Gesellschaft und deren Liquidatoren (Art. 134 Abs. 1 LSA); (ii) Minderheitsaktionäre, die mindestens fünf (5) Prozent des Aktienkapitals kontrollieren im Namen der Gesellschaft (*derivative actions*; Art. 134 Abs. 2 LSA); (iii) Minderheitsaktionäre in deren eigenen Namen (Art. 135 LSA) sowie (iv) Gläubiger und andere Dritte, soweit diese einen direkten Schaden erlitten haben (Art. 135 LSA).

Ausgewählte Literatur

BORENES CORTÉS, JOSEFA, *Garantías por defectos en la construcción en la LOE: especial referencia al seguro de daños decenal*, Valencia, Tirant Lo Blanch, 2005.

BRIZ ESCRIBANO, JULIÁN, *Internet y comercio electrónico: características, estrategias, desarrollo y aplicación*, Madrid, ESIC, 2000.

CABANILLAS MÚGICA, SANTIAGO, (et alii), *Responsabilidades de los proveedores de información en internet*, Comares, Granada, 2007.

CARRASCO PERERA, ÁNGEL/ CORDERO LOBATO, ENCARNA/ GONZÁLEZ CARRASCO, MARÍA DEL CARMEN, *Comentarios a la Ley de ordenación de la edificación*, 3ª edic. Cizur menor, Navarra, Thomson Aranzadi, 2005.

FIGUEROL, IGNACIO, "Directors' Liability and Indemnification in Spain" (pp. 275-289), in: *Directors' Liability and Indemnification, A Global Guide*, London, Global Law and Business, 2007.

MARTÍ MARTÍ, JOAQUÍN, *La responsabilidad civil del abogado y del procurador*, Barcelona, Bosch, 2007.

ORTI VALLEJO, ANTONIO, *La responsabilidad civil por daños causados por servicios defectuosos*, Cizur menor, Thomson, Aranzadi, 2006.

POZO NAVARRO DEL, EMILIO, *Servicios de la sociedad de la información*, Madrid, 2003.

RIBAS ALEJANDRO, JAVIER, *Aspectos jurídicos del comercio electrónico en Internet,* Pamplona, Aranzadi, 1999.

IX. Produkthaftung

Die Haftung des Herstellers wurde im Gesetz 22/1994 über die zivilrechtliche Haftung für Schäden durch fehlerhafte Produkte vom 6. Juli (*Ley 22/1994, de 6 de julio, de responsabilidad civil por los daños causados por productos defectuosos*; BOE Nr. 161, vom 7. Juli 1994. Abkürzung: "LRFPD") aufgegriffen und stellt die Umsetzung der europäischen Richtlinie 85/374/ EWG vom 25. Juli 1985 dar. Die Bestimmungen über die Produkthaftung sind heute in den Art. 135 - 146 LDCU geregelt, welche das oben erwähnte Gesetz ersetzt.

1. Die Konzepte: Produkt und Fehler

1. Der Ausgangspunkt für dieses Gesetz ist das Konzept "**Produkt**", das in der Rechtssprache als Begriff verwendet wird. Art. 136 LDCU definiert den Rechtsbegriff des "Produkts" wie folgt: "Im Sinne dieses Gesetzes versteht man unter einem Produkt jede bewegliche Sache, auch wenn diese Teil einer weiteren beweglichen oder unbeweglichen Sache ist. Auch Gas und Strom werden als Produkte erachtet".

Es handelt sich um bewegliche Sachen, weshalb unbewegliche Sachen auf Grund ihrer Natur ausgeschlossen sind. Dies gilt jedoch nicht für bewegliche Güter, die an einem anderen Gut angebracht oder feste Bestandteile dieselben sind, unabhängig davon, ob dieses Gut nun beweglich oder unbeweglich ist.

2. Art. 137 LDCU geht vom Rechtsbegriff des "**Fehlers**" oder des "**fehlerhaften Produkts**" aus. Dafür bedient er sich des Rechtsbegriffs der "**Sicherheit**", der die legitimen Erwartungen der Verbraucher betrifft. Zur Bestimmung fehlender Sicherheit müssen einige Kriterien beachtet werden: die Präsentation des Produkts; die für das Produkt vorgesehene Verwendung; der Zeitpunkt, zu dem das Produkt in Verkehr gebracht wird. Ein Produkt wird nicht durch das reine Inverkehrbringen einer verbesserten Variante des gleichen Produkts zu einem späteren Zeitpunkt als fehlerhaft erachtet (Art. 137 Abs. 3 LDCU). Der Begriff "Fehler" entspricht nicht dem Begriff des Mangels oder der Mängelhaftung beim Kauf oder jenem in Art. 125 bis 127 LDCU in Bezug auf den fehlenden Nutzen der Sache. Dennoch besteht eine Gemeinsameit zwischen dem Sicherheitsmangel und dem vertraglichen Fehler: so genannte *ineffiziente Produkte*, deren Nutzen nicht dem bezweckten Nutzen entspricht und die man auch nicht so einsetzen kann, wie dies zu erwarten wäre, was wiederum der Sicherheit des Verbrauchers schadet.

3. Dabei unterscheidet die herrschende Lehre zwischen **drei** verschiedenen **Fehlertypen**:

- **Konstruktions- oder Fabrikationsfehler**, die eine ganze **Produktserie** betreffen. Der Konstruktionsfehler beruht dabei auf einer fehlerhaften technischen Konzeption und Planung;
- **Fabrikationsfehler** entstehen während der Herstellung und haften in der Regel nur einem oder wenigen Einzelstücken einer sonst fehlerfrei produzierten Serie an. Dazu gehören auch so genannte Ausreißer, die trotz zumutbarer Vorkehrungen unvermeidbar sind;
- **Instruktionsfehler**, die in mangelhaften Gebrauchsanweisungen und/oder nicht ausreichenden Warnungen vor gefährlichen Eigenschaften, die in der Wesensart einer an sich fehlerfreien Sache begründet sind.

4. Art. 137 Abs. 2 LDCU bezeichnet ein Produkt schließlich als fehlerhaft, wenn es nicht den **Sicherheitsstandards anderer Exemplare derselben Produktreihe** entspricht.

2. Haftende

1. Art. 135 LDCU trifft eine allgemeine Aussage zu den Haftenden: Es haften die **Hersteller** und die **Importeure** hinsichtlich der Fehler der Produkte, die sie herstellen oder importieren (Urteil des Obersten Gerichtshofs vom 16. März 2007, RAJ Nr. 2007/1859). In diesem Zusammenhang enthält Art. 138 LDCU je eine Legaldefinition des "Herstellers" und des "Importeurs":

a. Hersteller: Laut Gesetz ist dies diejenige Person, die ein Fertigprodukt oder einen Bestandteil eines Fertigprodukts oder das Rohmaterial herstellt, sowie eine Person, die in der Öffentlichkeit als Hersteller auftritt und ihren Namen, ihren Firmennamen, ihr Warenzeichen oder jegliches andere Kennzeichen auf dem Produkt oder seiner Verpackung, Hülle oder jedem anderen Element zum Schutz oder zur Präsentation dieses Produkts angibt bzw. anbringt.

b. Importeur: Diejenige Person, die Produkte in Ausübung ihrer wirtschaftlichen Tätigkeit zum Verkauf, zur Vermietung, zum Leasing oder jeder anderen Vertriebsform in die Europäische Union einführt.

2. Kann der **Hersteller** eines Produkts **nicht identifiziert** werden, gilt der Zulieferer oder diejenige Person, die das Produkt angefordert hat, als Hersteller, es sei denn, der Zulieferer nennt dem Geschädigten in einem Zeitraum von drei Monaten die Identität des Herstellers oder der Person, die ihm das Produkt geliefert hat. Dasselbe gilt im Fall eines importierten Produkts. Letzten Endes haften alle an der Produktions- und Vertriebskette des Produkts beteiligten Personen.

Die einzige Zusatzbestimmung des Gesetzes stellt in konkreten Fällen den Hersteller und den Zulieferer gleich, wenn letzterer wissentlich ein fehlerhaftes Produkt liefert. In diesem Fall haftet er wie ein Hersteller oder Importeur mit dem Vorbehalt, dass er danach einen Regressanspruch gegen den Hersteller oder Importeur vorbringen kann.

Nach Art. 132 LDCU haften die an ein und demselben Schaden beteiligten Personen **solidarisch** (gesamtschuldnerisch).

3. Haftungsrecht

1. Das LDCU spricht von einer objektiven Haftung, obwohl **keine absolut objektive Haftung** vorliegt, sondern eine relative oder gemäßigte (milde Kausalhaftung) (Urteil des Obersten Gerichtshofs vom 28. September 2006, RAJ Nr. 2006/8716). Art. 139 LDCU besagt, dass der Geschädigte für die Geltendmachung des Schadensersatzes lediglich den Fehler, den Schaden und den Kausalzusammenhang beweisen muss.

2. Dennoch beinhaltet das Gesetz zugunsten der Hersteller oder Importeure einige **Haftungsbefreiungsgründe** (Art. 140 LDCU). Damit diese Anwendung finden, muss der Hersteller oder Importeur mindestens einen der nachfolgend aufgezählten Umstände nachweisen:

a. dass das Produkt nicht durch den Hersteller oder Importeur in Umlauf (Verkehr) gebracht worden ist;

b. die Annahme, dass das Produkt unter Beachtung aller Umstände zum Zeitpunkt des Inverkehrbringens fehlerfrei war;

c. dass das Produkt nicht für den Verkauf hergestellt wurde und nicht im Rahmen einer beruflichen oder unternehmensbezogenen Tätigkeit vertrieben wurde;

d. dass der Fehler des Produkts auf Grund der Einhaltung zwingender Normen entstanden ist;

e. dass der wissenschaftliche und technische Kenntnisstand zum Zeitpunkt des Inverkehrbringens das Wissen um den Fehler unmöglich machte (Entwicklungsrisiken).

3. Der Hersteller oder Importeur eines Bestandteils des Produkts kann die Haftung ausschließen, wenn er beweisen kann, dass der Fehler zu Lasten der **Konzeption des Produktes**, zu dem der Bestandteil gehört, oder der Anweisungen dessen Herstellers geht. Bei Medikamenten, Nahrungsmitteln oder anderen für den Verbrauch durch den Menschen bestimmten Produkten können die Hersteller die Entwicklungsrisiken nicht als Haftungsausschlussgrund heranziehen.

4. Der Schaden entsteht möglicherweise durch gewisse **Interferenzen im Kausalzusammenhang** (Urteil des Obersten Gerichtshofs vom 16. März 2007, RAJ Nr. 2007/1859):

a. Ein Dritter greift parallel zum Fehler in die Verursachung des Schadens ein. In diesem Fall mindert sich die Haftung des Herstellers oder des Importeurs nicht, mit dem Vorbehalt, dass er in Folge einen Regressanspruch gegen den Dritten stellen kann, um die Erstattung des Anteils zu erhalten, der ihm auf Grund des Schadens durch den Dritten verloren gegangen ist (Art. 133 LDCU).

b. Verschulden des Geschädigten oder einer Person, für die er zivilrechtlich haftet. Je nach Fall führt dies zu einer Minderung oder Aufhebung der Haftung des Herstellers oder des Importeurs unter Berücksichtigung der Umstände (Art. 145 LDCU).

4. Schäden

1. Im Bereich der Produkthaftung erwähnt das Gesetz in Art. 129 und 142 LDCU enumerativ **Personen- und Sachschäden**. Der Personschaden umfasst dabei sowohl den Todesfall als auch die Körperverletzung. Bei Sachschäden (Substanzschädigung oder Vernichtung) geht es um Schäden an anderen Produkten als am fehlerhaften Produkt selbst. In den genannten Fällen besteht immer dann eine Haftung, wenn der Gegenstand objektiv für den privaten Ge- oder Verbrauch bestimmt ist und vom Geschädigten tatsächlich auch dergestalt verwendet worden ist. Die gesetzliche Haftungsobergrenze bei Personenschäden liegt bei EUR 63

Mio. Der Selbstbehalt für Sachschäden beträgt zurzeit EUR 390 pro Fall (Stand: März 2008).

2. Alle **anderen Schäden** (einschließlich ideeller Schäden) unterliegen den **allgemeinen Haftungsnormen** des *Código Civil*. Das LDCU gilt nicht für Schäden auf Grund nuklearer Unfälle.

3. Haftungsausschlussklauseln gegenüber dem Geschädigten sind **unwirksam** (Art. 130 LDCU).

4. Die im LDCU anerkannte Haftung **schließt die Erhebung anderer Forderungen** des Geschädigten gegenüber dem Hersteller, Importeur oder anderen haftenden Personen **nicht aus** (Art. 129 LDCU).

5. Verjährungs- und Verwirkungsfristen: Wie im deutschen Recht verjährt der Ersatzanspruch des Geschädigten aufgrund des LDCU auch in Spanien in drei (3) Jahren von dem Zeitpunkt gerechnet, in dem der Hersteller das Produkt, dass den Schaden verursacht hat, in den Verkehr gebracht hat. Die Regressklage der Schadenersatz leistenden Person(en) gegenüber den übrigen Haftenden kann sogar nur während der Dauer von einem Jahr geltend gemacht werden (Art. 143 LDCU).

Die im LDCU statuierte Produkthaftung verwirkt nach zehn (10) Jahren ab dem Inverkehrbringen des Produkts (Art. 144 LDCU). Nach 10 Jahren besteht somit keine Haftung mehr; kommt es dann zu einem Fehler, so ist der Geschäditge auf einen anderen Rechtsweg für die Geltendmachung seines Ersatzanspruchs angewiesen.

Ausgewählte Literatur

JIMÉNEZ LIÉBANA, DOMINGO, *Responsabilidad ciivl: daños causados por productos defectuosos*, McGraw-Hill, Madrid, 1998.

MARCO MOLINA, JUANA, *La responsabilidad del fabricante por productos defectuosos: fundamento y aplicación*, Atelier, Barcelona, 2007.

MARÍN LÓPEZ, JUAN JOSÉ, *Daños por productos: estado de la cuestión*, Tecnos, Madrid, 2001.

PARRA LUCÁN, Mª ÁNGELES, *Daños por productos defectuosos*, Barcelona, Bosch, 1990.

SALVADOR CODERCH, PABLO/SOLÉ FELIU, JOSEP, *Brujos y aprendices: los riesgos del desarrollo en la responsabilidad de productos*, Madrid/ Barcelona, Marcial Pons, 1999.

SOLÉ FELIU, JOSEP, *El concepto de defecto del producto en la responsabilidad civil del fabricante: Ley 22/1994, de 6 de julio*, Valencia, Tirant Lo Blanch, 1997.

www.indret.com: Guía Indret de jurisprudencia sobre responsabilidad de productos.

X. Haftung und Versicherung bei Straßenverkehrsunfällen

Das Gesetz zur zivilrechtlichen Haftung und Versicherung von im Verkehr befindlichen Motorfahrzeugen (*Ley sobre responsabilidad civil y seguro en la circulación de vehículos a motor*) ist sowohl durch das Gesetz 21/2007 vom 11. Juli (BOE Nr. 166, vom 12. Juli 2007) sowie durch die königliche Gesetzesverordnung RD-L 8/2004 vom 29. Oktober (BOE Nr. 267, vom 5. November 2004) und das Gesetz zur Regelung und Überwachung privater Versicherungen (angenommen durch die königliche Gesetzesverordnung RD-L 8/2004, vom 29. Oktober; BOE Nr. 166, vom 12. Juli 2007) revidiert worden.

1. Doppeltes Haftungsregime

1. Art. 1 Abs. 1 RD-L 8/2004 befasst sich mit dem Grundsatz der **Gefährdungshaftung** gegenüber Dritten beim Fahren von motorisierten Fahrzeugen. Es handelt sich hierbei um eine objektive Haftung. Die Bestimmung besagt folgendes: Der Fahrer eines Fahrzeugs haftet gemäß der durch sein Fahren ausgelösten Gefährdung für die Verursachung von Personen- oder Sachschäden auf Grund des Fahrens. Bei Schäden an Personen wird die Haftung nur dann ausgeschlossen, wenn der Fahrer (*conductor*) beweisen kann, dass die Schäden einzig und alleine durch das Verhalten oder das Verschulden des Geschädigten oder auf Grund äußerer Einflüsse auf den Fahrvorgang oder die Funktionsweise des Fahrzeugs zurückzuführen sind; Mängel am Fahrzeug oder Teilen davon sowie an dessen Mechanik werden nicht als höhere Gewalt angesehen. Für zufällige Ereignisse wird folglich gehaftet.

Diese objektive Haftung wird in Art. 1 Abs. 1 RD-L 8/2004 allerdings dahingehend präzisiert, dass der Fahrer im Hinblick auf Sachschäden nur haftet, wenn er gemäß Art. 1902 CC und Art. 109 CP den Schaden zu vertreten oder diesen zu verschulden hat.

2. Daher wird hier ein doppeltes Haftungsregime geschaffen: eine **objektive Haftung** (Kausalhaftung) gilt für **Personenschäden** und eine **subjektive Haftung** (Verschuldenshaftung) für **Sachschäden**.

2. Haftende

1. Art. 1 Abs. 1 RD-L 8/2004 bestimmt ferner den **Fahrer** als die primär haftende Person. In bestimmten Fällen kann auch der **Eigentümer** des Fahrzeugs, der nicht zugleich Fahrer ist, haften. In diesem Sinne besagt Art. 1 Abs. 1 Ziff. 5 RD-L 8/2004, dass "der Eigentümer, der nicht als Fahrer auftrat, für die durch den Fahrer verursachten Personen- und Sachschäden haftet, wenn er zu diesem in einer der in Art. 1903 CC und Art. 120 Abs. 5 CP geschilderten Beziehungen steht. Diese Haftung besteht nicht, wenn besagter Eigentümer beweist, dass er die verkehrsübliche Sorgfalt an den Tag gelegt hat, um den Schaden zu verhindern".

2. Daher handelt es sich um eine subjektive Haftung mit Umkehr der Beweislast, bei welcher der Geschädigte direkt Klage gegen den Eigentümer erheben kann, ohne vorab gerichtlich gegen den Fahrer vorgehen zu müssen. Insoweit liegt eine **unmittelbare Haftung für fremdes Verhalten** und keine Subsidiärhaftung nach Art. 120 CP vor.

3. Was geschieht im Falle der **Leihe eines Fahrzeugs** (*Comodato*)? Hier könnte gegen den Eigentümer gemäß Art. 1902 CC für dessen eigenes Verschulden Klage erhoben werden. Die analoge Anwendung von Art. 1903 CC ist dagegen wesentlich fragwürdiger.

3. Schäden. Schadensersatz

1. Das Gesetz statuiert eine Haftung für **Sach-, Personen-** und **ideelle Schäden**. Letztere werden gemäß einer normativen Tabelle (*baremo*), die im Anhang zu RD-L 8/2004 abgedruckt ist, berechnet (vgl. ausführlich auch vorstehend: S. 36 ff.). Jedes Jahr ändert sich die Höhe der Ersatzbeträge auf Anordnung der Generaldirektion für Versicherungen und Pensionsfonds (DGS). Diese Höhe wird in Abhängigkeit zur Art der Verletzung und Person des Geschädigten festgesetzt. Die Tabelle wird für die Bewertung der Personenschäden bei einem Verkehrsunfall verwendet, es sei denn, die Schäden sind das Ergebnis einer vorsätzlichen Straftat.

Als **Bemessungskriterien** für die Festsetzung der Ersatzleistung gilt zunächst das Alter des Geschädigten sowie allenfalls anderer Anspruchsberechtigter (z.B. überlebende Witwe oder Kinder des Geschädigten). Weitere Kriterien, die zur Berechnung des Schadens herangezogen werden können, sind die wirtschaftlichen Umstände, die Auswirkungen auf die Arbeitsfähigkeit und der Einkommensverlust des Geschädigten oder sonst Berechtigten sowie auch familiäre und persönliche Umstände. Schließlich kann der Richter auch außergewöhnliche Umstände, die oben nicht erwähnt worden sind, berücksichtigen.

2. **Tod**, dauernde oder andere Arten von **Invalidität** und **vorübergehende Unfähigkeit** (*incapacidad*) sind weitere Gründe, die einen Schadenersatzanspruch zulassen. Unter diesem Titel werden sodann auch die Kosten für eine (allenfalls auch ergebnislose) medizinische Behandlung, Krankenhausaufenthalte sowie für die Beerdigung und das Begräbnis im Todesfall entschädigt.

3. Der ideelle Schaden, der **Schmerzensgeldanspruch** also, wird für alle Geschädigten auf die gleiche, sehr normative Art berechnet. Dabei handelt es sich um eine "gesetzliche Bemessung" (*cuantificación legal*) des ideellen Schadens.

4. Die völlige oder teilweise Erstattung des Schadensersatzes durch eine **lebenslange Rente** zu Gunsten des Geschädigten kann gerichtlich festgelegt oder vertraglich vereinbart werden. Beide Möglichkeiten können durch grundlegende Änderungen der Umstände, die für die Rentenfestsetzung ausschlaggebend waren, oder auch durch das Aufkommen von (neuen) Schäden abgeändert werden.

Der Umfang des Schadensersatzes kann gemindert werden, wenn der Geschädigte selber am Unfall oder der Verschlimmerung dessen Folgen beteiligt war (Selbstverschulden). Der Fortbestand vorheriger oder vom Unfall unabhängiger Invaliditäten (medizinische Vorzustände; konstitutionelle Prädisposition), die Auswirkungen auf die Verletzung hatten, führt ebenfalls zu einer Korrektur des Schadensersatzes für dauernde Invalidität. Schließlich kann der Schadensersatz im Fall dauernder Invalidität durch Verursachen einer zusätzlichen Invalidität oder Fortbestand einer bereits vor dem Unfall bestehender Invalidität erhöht werden.

Bei der Feststellung und Bestimmung der Verletzungen sowie der vorübergehenden Invalidität und dem Gesundheitszustand des Geschädigten ist immer auch ein **ärztliches Gutachten** vonnöten (Urteil des Obersten Gerichtshofs vom 17. April 2007, RAJ Nr. 2007/3359 und Nr. 2007/3360).

4. Geschädigte

1. Bei **Tod** des Geschädigten sind folgende Personen als **Anspruchsberechtigte** zu erachten:

a. Kinder: Neben natürlichen (biologischen) Kindern sind auch Adoptivkinder anspruchsberechtigt. Es wird das Alter der Kinder zum Zeitpunkt des Unfalls berücksichtigt. Der Schadensersatz unter den betroffenen Kindern erfolgt zu gleichen Teilen.

b. Ehepartner: Der zum Zeitpunkt des Unfalls nicht gesetzlich getrennte (*separación legal*) **Ehepartner** wird einer mit dem Geschädigten vor dessen Ableben in eheähnlicher Gemeinschaft lebenden Person gleichgestellt. Hat der getrennt lebende oder geschiedene Ehepartner Anspruch auf eine Ersatzrente, so steht ihm 50% jenes Betrages zu, der einem nicht gesetzlich getrennten Ehepartner ausbezahlt würde. Sofern sowohl ein anspruchsberechtigter Ehepartner als auch ein Partner einer eheähnlichen Gemeinschaft gleichzeitig Anspruch auf Ersatz erheben, so wird der Schadensersatz, der gesamthaft nur einmal geschuldet ist, proportional zur Höhe jenes Betrags, der jeder Person allein zustehen würde, verteilt.

c. Eltern: der Schadensersatz wird zu gleichen Teilen aufgeteilt.

d. Geschwister: der Schadensersatz wird zu gleichen Teilen aufgeteilt.

2. In allen übrigen Fällen ist der **Geschädigte** selber das **Opfer des Unfalls**.

5. Pflichtversicherung und freiwillige Versicherung

1. Mit der Gefährdungshaftung geht die **Versicherungspflicht** einher. Diese Pflichtversicherung wird in Art. 2 Gesetz 21/2007 normiert. Die Versicherungspflicht obliegt jedem Eigentümer eines Fahrzeugs mit gewöhnlichem Standort (*estacionamiento habitual*) in Spanien. Der Eigentümer wird von dieser Versicherungspflicht befreit, wenn die Versicherung von einer anderen Person mit Interesse an der Versicherung (*tomador del seguro*; Versicherungsnehmer) abgeschlossen oder übernommen wird.

2. Art. 2 Gesetz 21/2007 bestimmt sodann, in welchen Fällen der **gewöhnliche Standort eines Fahrzeugs** als in **Spanien** liegend betrach-

ted werden muss (Urteil des Obersten Gerichtshofs vom 31. Mai 2007, RAJ Nr. 2007/3432):

- wenn das Fahrzeug ein spanisches Kraftfahrzeugkennzeichen (Nummernschild, Kontrollschild) hat, unabhängig davon, ob dieses auf Dauer oder zeitweilig (z.B. Kurzzeitkennzeichen oder Ausfuhrkennzeichen) ausgestellt worden ist;
- wenn das Fahrzeug ein anderes Kennzeichen hat, das in Spanien ausgestellt worden ist;
- wenn das Fahrzeug ein anderes Kennzeichen hat und Spanien der gewöhnliche Wohnsitz des Fahrzeugnutzers ist (z.B. ein Traktor oder anderes landwirtschaftliches Fahrzeug);
- wenn das Fahrzeug einen Unfall in Spanien hatte und kein Kraftfahrzeugkennzeichen hat oder das Kennzeichen nicht (mehr) diesem Fahrzeug zugehörig ist;
- wenn das Fahrzeug aus einem anderen Mitgliedstaat des Europäischen Wirtschaftsraums eingeführt wurde, höchstens 30 Tage ab der Zustimmung des Käufers zur Übernahme des Fahrzeugs, auch wenn dieses noch kein spanisches Kraftfahrzeugkennzeichen aufweist.

3. Wird die Versicherungspflicht nicht erfüllt, so kann dies ein Verstoß gegen die öffentliche Ordnung - einem **Straftatbestand** des *Código Penal* - darstellen und und zu Sanktionen nach Art. 3 Abs. 1 Gesetz 21/2007 führen. Diese Sanktionen können in einem Fahrverbot des Fahrzeugs auf spanischem Staatsgebiet, der Verwahrung des Fahrzeugs zu Lasten des Eigentümers sowie in Bußen bestehen.

4. Art. 4 Gesetz 21/2007 besagt, dass die Pflichtversicherung alle **Unfälle** abdeckt, die sich mit dem versicherten Fahrzeug in **Spanien**, dem Hoheitsgebiet der **Mitgliedstaaten des EWR** und allen Staaten, die dem Abkommen zwischen den nationalen Versicherungsbehörden der Mitgliedstaaten des EWR angehören und anderen **assoziierten Staaten**, ereignet haben.

Die **Pflichtversicherung** deckt bei entstandenen Personen- und Sachschäden folgende **Höchstbeträge**:

- bei Personenschäden: EUR 70 Mio.;

- bei Sachschäden: EUR 15 Mio.

Diese Beträge werden gemäß dem europäischen Verbraucherpreisindex aktualisiert, der neue Betrag wird jedes Jahr von der Generaldirektion für Versicherungen und Pensionsfonds DGS veröffentlicht (Art. 4 Abs. 2 Gesetz 21/2007).

4. Art. 5 Gesetz 21/2007 **schließt** jedoch eine Reihe von Schäden **von der Pflichtversicherungsdeckung aus**:

- Schäden auf Grund von Verletzungen oder des Todes des Fahrers, der den Unfall mit seinem Fahrzeug verursacht hat;
- Sachschäden, die durch das versicherte Fahrzeug entstanden sind; Schäden an den im Fahrzeug befindlichen Sachen; Schäden an Sachen des Versicherungsnehmers, des Versicherten, des Eigentümers, des Fahrers und des Ehepartners oder der Verwandten bis hin zum dritten Verwandtschafts- oder Schwägerschaftsgrad;
- Schäden auf Grund des Fahrens des versicherten Fahrzeugs nach einem Diebstahl desselben.

In der Praxis werden alle hier genannten Ausschlüsse von der Pflichtversicherung durch eine **freiwillige Versicherung** abgedeckt, die normalerweise in solchen Fällen wirksam wird. Auch wenn der Schadensersatz die Höchstbeträge der Pflichtversicherung übersteigt, deckt die freiwillige Versicherung diesen überschießenden Beträge ab (Art. 4 Abs. 3 Gesetz 21/2007).

5. Abgesehen von den genannten Ausschlüssen kann der Versicherer dem Opfer oder Geschädigten **keine weiteren Deckungsausschlüsse** entgegensetzen (Art. 6 RD-L 8/2004, abgeändert durch Gesetz 21/2007), unabhängig davon, ob diese ausdrücklich vereinbart worden sind oder nicht. Im Einzelnen bezieht sich dies auf folgende Punkte:

- Vertragsklauseln, die die Nutzung oder Betätigung des Fahrzeugs durch Personen ohne Fahrerlaubnis von der Deckung durch die Versicherung ausschließen;
- Vertragsklauseln, die den für die Sicherheit des Fahrzeugs nötigen gesetzlichen Verpflichtungen technischer Art nicht entsprechen;
- Unrechtmäßige Nutzung fremder motorisierter Fahrzeuge oder Nutzung ohne ausdrückliche oder stillschweigende

Erlaubnis durch den Eigentümer, ausgenommen bei Diebstahl;

- Vertragsklauseln, die die Versicherungsdeckung auf den Insassen ausschließen und dies damit begründen, dass der Insasse wusste oder wissen sollte, dass der Fahrer des Fahrzeugs zum Zeitpunkt des Unfalls unter dem Einfluss von Alkohol oder anderen toxischen Substanzen stand;
- Selbstbehalte;
- Unterlassen der Nutzung einer Erklärung zum Schuldeingeständnis der beteiligten Fahrer.

6. Sowohl der Geschädigte als auch seine Erben haben einen **Direktanspruch gegen den Versicherer** zur Forderung des Schadensersatzes. Dieser Anspruch verjährt nach einem Jahr (Art. 7 Abs. 1 Gesetz 21/2007).

7. Innerhalb einer Frist von drei Monaten ab Anspruchserhebung durch die geschädigte Person (*reclamación*) muss der Versicherer ein begründetes Angebot bezüglich des Schadensersatzes vorlegen, wenn er die Haftung und die Schadensberechnung als begründet ansieht. Ist das Gegenteil der Fall oder wird die Anspruchserhebung zurückgewiesen, wird eine begründete Antwort vorgelegt (Art. 7 Abs. 2 Gesetz 21/2007). Nach Ablauf der drei Monate wird ein **Verzugsschaden** fällig. Dieser wird ebenfalls fällig, wenn das Angebot vom Geschädigten angenommen, der Schadensersatz aber nicht innerhalb einer Frist von fünf Tagen geleistet oder die Zahlung des festgelegten Betrags nicht angeordnet wurde. Sobald ein Versicherer von einem Unfall erfährt, muss er bei der Schadensberechnung und -abwicklung mit der gehörigen Sorgfalt vorgehen. Dabei spielt es keine Rolle, auf welche Weise der Versicherer vom Unfall erfahren hat.

8. Der **Verzug des Versicherers** (Art. 9 Gesetz 21/2007) richtet sich nach Art. 20 LCS, jedoch weist das Gesetz 21/2007 folgende Besonderheiten auf:

- Der Verzugsschaden kann nicht geltend gemacht werden, wenn der Versicherer nachweisen kann, dass er dem Geschädigten ein begründetes Schadensersatzangebot vorgelegt hat, soweit dies zum vorgeschriebenen Zeitpunkt erfolgt ist;

- Der Verzugsschaden kann nicht geltend gemacht werden, wenn der verursachte Körperschaden von mehr als drei Monaten Dauer ist oder eine genaue Einschätzung für die Vorlage des begründeten Angebots nicht möglich ist;
- Der Verzugsschaden kann nicht geltend gemacht werden, wenn nach einem klageabweisenden Sachurteil oder einem anderen juristischen Beschluss der Strafprozess vorläufig oder definitiv beendet und die jeweilige Summe dem Versicherer nach Absprache zurückerstattet werden soll, oder die auf anderem Weg erfolgte Übertragung ergebnislos bleibt und sodann ein Zivilprozess für den Schadensersatz auf Grund der Versicherung eingeleitet wird, gelten die Bestimmungen aus Art. 20 LCS, es sei denn, der Versicherer bringt in den nächsten 10 Tagen den Schadensersatz erneut zur Anzeige und leitet damit einen neuen Prozess gegen den Versicherten ein.

9. Sobald der Versicherer Schadensersatz geleistet hat, kann er seinerseits eine **Rückforderungsklage** gegen die folgenden Personen erheben:

- gegen den Fahrer, Eigentümer des Fahrzeugs und den Versicherten, wenn der Schaden auf Grund eines vorsätzlichen Verhaltens einer dieser Personen oder dem Fahren unter Einfluss von alkoholischen Getränken, Drogen oder Betäubungsmitteln verursacht wurde;
- gegen einen für den Schaden verantwortlichen Dritten;
- gegen den Versicherungsnehmer oder Versicherten aus Gründen, die aus dem Versicherungsvertrag hervorgehen;
- in jedem anderen Fall, in dem das Gesetz eine Klage zulässt.

Der Rückzahlungsanspruch läuft ein Jahr nach der Zahlung des Schadensersatzes an den Geschädigten aus (Art. 10 RD-L 8/2004 Gesetz 21/2007).

6. Das Versicherungsausgleichskonsortium

1. Das Versicherungsausgleichskonsortium (*Consorcio de Compensación de Seguros; CCS*) ist eine **öffentlich-rechtliche Einrichtung** mit einer eigenen Rechtspersönlichkeit und eigenem Vermögen, die unter anderem die Aufgaben eines Garantiefonds wahrnimmt. Das CCS ist organisatorisch dem Ministerium für Wirtschaft und Finanzen angegliedert. Die Rechtsform des Konsortiums wurde kürzlich unter anderem als Folge der 4. KH-Richtlinie der EU neu festlegt (RD-L 7/2004 vom 29. Oktober, durch das der neue Rechtszustand des Versicherungsausgleichskonsortiums angenommen wird, der 2006 abgeändert wurde).

2. Der Geschädigte hat die Möglichkeit, gegen das Versicherungsausgleichskonsortium zu klagen (Art. 11 Abs. 3 Gesetz 21/2007). Damit besitzt er einen **Direktanspruch** gegen das Konsortium.

3. Das Versicherungsausgleichskonsortium bezweckt die Deckung von gesetzlich definierten Risiken. Von besonderem Interesse sind die Aufgaben des Versicherungsausgleichskonsortiums im Bereich des Motorfahrzeughaftpflicht- bzw. Straßenverkehrsrechts. Das Konsortium hat dabei insbesondere **folgende Schäden** bis zur Höhe der Mindestversicherungssummen (Personenschäden: EUR 350'000 bzw. Sachschäden: EUR 100'000) zu übernehmen:

- **Personenschäden**, die (in Spanien) durch **unbekannte Fahrzeuge oder Fahrer** verursacht worden sind (Art. 11 Abs. 1 lit. a Gesetz 21/2007);
- **Personen- und Sachschäden**, die durch ein **nicht versichertes**, in Spanien zugelassenes **Kraftfahrzeug** angerichtet wurden, außer wenn den mitfahrenden Geschädigten diese Umstände bekannt waren (Art. 11 Abs. 1 lit. b Gesetz 21/2007);
- **Personen- und Sachschäden**, die durch ein zwar versichertes, aber **gestohlenes Fahrzeug** verursacht wurden, außer wenn die Geschädigten freiwillig in Kenntnis der Umstände mitgefahren sind (Art. 11 Abs. 1 lit. c Gesetz 21/2007);
- **Personen- und Sachschäden** bei **Unstimmigkeiten** mit der **Erstversicherung** (Versicherung des Unfallverursachers). Das Konsortium übernimmt solche Schäden, bei denen zwischen dem Konsortium und dem Erstversicherer Uneinigkeit darüber besteht, wer den Geschädigten im Rahmen der Pflichtversicherung zu entschädigen hat (Art. 11 Abs. 1 lit. d Gesetz 21/2007);

- Personen- und Sachschäden gegen eine in **Insolvenz geratene Versicherungsgesellschaft** (Art. 11 Abs. 1 lit. e Gesetz 21/2007);
- **Rückerstattung von Entschädigungsleistungen** zugunsten von Geschädigten mit Wohnsitz im Europäischen Wirtschaftsraum (EEE), wenn das **schadenverursachende Fahrzeug üblicherweise in Spanien stationiert ist**, der Unfall sich in Spanien ereignet hat, aber keine Versicherung, die den Schaden decken würde, ermittelt werden kann oder das den Unfall verursachende Fahrzeug selbst nicht identifizierbar ist (Art. 11 Abs. 1 lit. f Gesetz 21/2007);
- **Personen- und Sachschäden** bei Unfällen, die durch ein aus einem Staat des Europäischen Wirtschaftsraum (EEE) nach Spanien **importiertes, nicht versichertes Fahrzeug** verursacht wurden, sofern sich der Unfall innerhalb einer Frist von 30 Tagen ab dem Zeitpunkt, in welchem der Käufer die Auslieferung des Fahrzeuges akzeptiert hat, ereignet hat (Art. 11 Abs. 1 lit. g Gesetz 21/2007).

7. Verfahrensfragen

7.1. Vereinfachter Zivilprozess

Die erste Zusatzbestimmung des Gesetzes LO 3/1989 vom 21. Juni aktualisiert den *Código Penal* und verweist den Geschädigten auf den **vereinfachten Zivilprozess**, in dem der örtlich zuständige Richter das Verfahren dort, wo es zum Schaden kam, entscheiden und von Amts wegen im Rahmen seiner eigenen Befugnis überprüfen sollte.

7.2. Vollstreckungsverfahren

1. Art. 12-19 RD-L 8/2004 und das Gesetz 21/2007 bilden die Grundlage des Vollstreckungsverfahrens. Art. 13 Gesetz 21/2007 befasst sich mit dem **Strafprozess**, der im Rahmen der Pflichtversicherung eröffnet wird und in dem der Angeklagte säumig wird oder ein Freispruch oder ein anderes Urteil ergeht, das den Prozess vorläufig oder endgültig beendet, ohne sich über die zivilrechtlichen Haftungsfolgen zu äußern.

Hat der Geschädigte in solchen Fällen vor Einstellung des Verfahrens nicht auf die Durchführung der zivilrechtlichen Klage verzichtet oder hat er sich sogar die Beschreitung des Zivilwegs ausdrücklich vorbehalten (vorstehend: S. 24 ff.), so erlässt der Richter einen **Beschluss** (*auto*), in welchem er den möglichen **Höchstbetrag des Schadensersatzes** für den Geschädigten im Rahmen der Pflichtversicherung festsetzt. Dieser Beschluss wird angesichts des begründeten Angebots oder der begründeten Antwort des Versicherers oder des Rückversicherungskonsortiums erlassen und beinhaltet eine Beschreibung des Unfallhergangs (Tatbestandsaufnahme), eine Aufführung aller beteiligten Personen und Fahrzeuge und ihrer Versicherungen.

Liegt vor Erlass des Beschlusses weder ein begründetes Angebot noch eine begründete Antwort des Versicherers vor, fordert der Richter die Geschädigten und die potentiell Haftenden und ihre Versicherer inklusive des Rückversicherungskonsortiums zur Stellungnahme innerhalb von fünf (5) Tagen auf, damit ein begründetes Angebot und eine begründete Antwort abgegeben werden können oder die nötigen Aussagen vorgebracht werden können.

Kommen die Parteien bei dieser Anhörung zu einer Einigung, setzt der Richter diese mit dem Ergebnis eines gerichtlichen Vergleichs gleich.

Kommt es zu keiner Einigung, wird eine Verfügung mit einem Höchstbetrag im Zeitraum von drei Tagen ab Beendigung des Vorsprechens erlassen, gegen die keinerlei Rechtsmittel eingelegt werden kann.

2. Eine beglaubigte Abschrift der Verfügung gilt als **Vollstreckungstitel** und reicht aus, um die im Gesetz (Art. 17 Gesetz 21/2007) geregelte Vorgehensweise einzuleiten. Nach Vorlage des Vollstreckungsantrags wird das weitere Vorgehen in Art. 571 ff. LEC geregelt.

Ausgewählte Literatur

ASO ESCARIO, JOSÉ, *Valoración de las lesiones causadas a las personas en accidentes de circulación*, Barcelona, Masson, 3ª edic., 2006.

RAMOS GONZÁLEZ, SONIA, "Aplicación temporal de los baremos en accidentes de circulación: la fecha del siniestro determina los puntos por secuela y la del alta médica, su valor", www.indret.com.

MANNSDORFER, THOMAS M., "Regulierung von Strassenverkehrsunfällen nach spanischem Recht", informaciones, Zeitschrift für den deutsch-spanischen Rechtsverkehr/Revista jurídica hispano-alemana, I/2005, 79-84 (Teil I) und II/2005, 185-194 (Teil II).

NEIDHART, HERMANN, *Unfall im Ausland*, Bd. 2: West-Europa (Spanien: 285-303), 5.A., Neuried/München, 2007.

REGLERO CAMPOS, FERNANDO, *Accidentes de circulación: responsabilidad civil y seguro*, Madrid, Aranzadi, 2004.

REGLERO CAMPOS, FERNANDO, "La Ley 21/2007, de 11 de julio, de reforma de la Ley de Responsabilidad civil y seguro en la circulación de vehículos a motor: transposición de la quinta Directiva CE", www.indret.com.

SAINZ-CANTERO CAPARRÓS, MARÍA BELÉN, *Imputación, valoración y reclamación de los daños derivados de la circulación de vehículos a motor*, Granada, Comares, 2006.

XI. Andere objektive Haftungen

1. Einführung

1. Art. 1905-1910 CC beinhalten eine **Reihe unterschiedlicher Fälle**, die ein gemeinsames Element aufweisen: Sie alle basieren auf Schäden, die einer Person durch Tiere oder Sachen, die einen anderen Eigentümer oder Besitzer haben, zugefügt wurden.

2. Art. 1905 und 1906 CC betreffen Schäden, die durch ein Tier verursacht wurden. Die Art. 1907-1910 CC beziehen sich auf Schäden, die durch bestimmte Sachen verursacht wurden. Aus welchem Grund regelt der *Código Civil* diese konkreten Fälle? Die außervertragliche Haftung basiert auf einer menschlichen Handlung, unabhängig von dem Gegenstand, den der Mensch benutzt. Dieser **Gegenstand** wird zu einem reinen **Werkzeug menschlicher Tätigkeit**. Die Tatsache, dass diese Fälle einzeln geregelt werden, ist hier von Bedeutung. Bei der Analyse der Fälle wird deutlich, dass die Sache den Schaden unabhängig von der menschlichen Handlung verursacht (z.B. ein Tier greift nicht auf Anweisung seines Herrn an, sondern in Verwirklichung der natürlichen Tiergefahr).

2. Haftung für von Tieren verursachte Schäden

1. Gemäß Art. 1905 CC haftet der **Besitzer eines Tieres** für die von ihm verursachten Schäden. Der Besitzer des Tiers, und nicht der Eigentümer, unterliegt hier einer objektiven Haftung. Es besteht ebenfalls eine Haftung, wenn der Eigentümer eines Jagdgebiets die Vermehrung der Tiere nicht verhindert hat und dies zu Schäden für die Eigentümer anliegender Grundstücke bzw. Jagdreviere geführt hat (Art. 1906 CC und Art. 33 Jagdgesetz).

2. Das staatliche Gesetz 50/1999 über die gesetzliche Regelung zur Haltung von potentiell gefährlichen Tieren vom 23. Dezember (BOE Nr. 307, vom 24. Dezember 1999) bestätigt die in Art. 1905 CC geregelte Tierhalterhaftung. Die im *Código Civil* vorgesehene Haftung wird nicht verändert. Der Eigentümer eines solchen Tiers wird lediglich zusätzlich verpflichtet, eine behördliche Genehmigung sowie eine **vorgeschriebene Haftpflichtversicherung** zu besitzen.

3. Haftung für von unbelebten Sachen hervorgerufene Schäden

1. Diese Haftung weist folgende **Merkmale** auf:

a. Haftpflicht des Eigentümers: Nach Art. 1906-1908 CC haftet der Eigentümer bei Zugrundelegung einer Verschuldensvermutung für Schäden, die durch das Fehlen nötiger Reparaturen an der Sache, die den Schaden verursacht hat, entstanden sind (Art. 1908 CC). Diese Vorgaben stehen in Zusammenhang mit Art. 389 und 390 CC, die dem Eigentümer die Verkehrssicherungspflichten bzgl. seiner Sachen auferlegen, damit diese Dritten, die mit ihnen in Kontakt kommen, keine Schäden zufügen. Art. 391 CC verweist auf die Haftung in den Art. 1907 und 1908 CC.

b. Umkehrung der Beweislast: Der Eigentümer muss beweisen, dass er die im Verkehr erforderliche Sorgfalt beachtet hat.

2. Bezüglich von unbelebten Sachen hervor gerufener **Schäden** können Folgende genannt und unterschieden werden:

a. Haftung für Schäden auf Grund **einstürzender Gebäude**. Solche Schäden sind auf Grund eines Bauwerks entstanden, das durch das Einstürzen des gesamten Gebäudes oder eines Gebäudeteils (z.B. Ablösung eines Simses, Zerfall einer Stützmauer) baufällig geworden ist und in Folge fehlender, aber notwendiger Reparaturen zu einer Ruine wird. Die Haftung des Werkeigentümers wird dabei auf jene Personen ausgeweitet, die gemäß einem sich von dem des Eigentümers unterscheidenden Rechtstitel Reparaturen durchführen müssen (z.B. der Nutzungsberechtigte). Laut Art. 1909 CC obliegt den Architekten und Baufirmen die Pflicht, Schadensersatz gegenüber Dritten zu leisten, die auf Grund der Baufälligkeit der Gebäude, in denen sie als Architekt und Baufirma tätig waren, gefährdet wurden. Bei Bestellern und Auftragnehmern gelten die Regelungen zur Nichterfüllung des Werkvertrags (CC und LOE). Ein Dritter kann "innerhalb der gesetzlichen Frist" klagen. Dies bezieht sich auf die Gewährleistungsfrist, in der die Fehler auftreten müssen. Diese Frist beläuft sich laut Art. 1591 CC auf 10 Jahre ab dem Zeitpunkt der Beendigung des Baus. Wird das LOE angewendet, gelten nach Art. 17 Abs. 1 unterschiedliche Fristen.

b. Haftung für Explosionen und Immissionen: Art. 1908 CC. Hier gilt eine objektive Haftung.

c. Haftung für das Umstürzen von Bäumen: Art. 1908 Abs. 3 CC. Hier gilt ebenfalls objektive Haftung (Art. 389 CC).

d. Haftung für stürzende oder fallende Gegenstände: Art. 1910 CC. Objektive Haftung des "Familienoberhaupts" als Verantwortlichem.

4. Haftung für Schäden im Bereich der Luftfahrt

1. Die Haftung für Schäden im Bereich der Luftfahrt werden durch Art. 115 des Gesetzes 48/1960 über den Luftverkehr vom 21. Juli geregelt (BOE Nr. 176, vom 23. Juli 1960. Abkürzung: "LNA"). Örtlich findet das Gesetz einerseits auf den spanischen Luftraum - dem Raum über spanischem Land- und Seeterritorium (*espacio aéreo*; Art. 1 LNA) - und anderseits aber auch auf in Spanien immatrikuliere Luftfahrzeuge (*aeronaves españolas;* Art. 6 Abs. 2 LNA) Anwendung. Die Verordnung 2027/1997 vom 9. Oktober befasst sich sodann mit der **Haftung im Bereich der Luftfahrt im Falle eines Unfalls** (vgl. das Urteil des Obersten Gerichtshofs vom 2. Januar 2006, RAJ Nr. 2006/129).

2. Dem spanischen Luftverkehrsgesetz (Art. 116-125 LNA) liegt ein **objektives Haftungssystem** zugrunde (strenge Kausalhaftung, Gefährdungshaftung). Dieses Gesetz erwähnt die nachfolgenden Schadenkategorien:

- Personen- und Sachschäden, die Passagiere während des Transports (Art. 116 LNA), also an Bord eines Flugzeugs, auf Grund des Flugzeugbetriebs oder infolge des Betretens oder Verlassens des Flugzeugs erleiden;
- Sachschäden an abgefertigten (eingecheckten) Waren oder Gepäckstücken (Art. 118 LNA) ab dem Zeitpunkt ihrer Übergabe an das Personal der Fluggesellschaft;
- Schäden, die durch den Betrieb des sich am Boden oder in der Luft befindenden Flugzeugs (einschließlich dem Start und der Landung) Personen- oder Sachen zugefügt werden, die sich auf der Erdoberfläche befinden (z.B. auf der Startbahn). Unter diese dritte und in Art. 119 LNA geregelte Kategorie fallen auch Schäden, die durch den Absturz eines Flugzeugs (oder von Teilen davon) und der darauf folgenden Kollision mit Personen oder Sachen am Boden entstehen.

3. Die vom Gesetz vorgesehenen **Haftungsobergrenzen** (Art. 117 und 199 Ziff. 1 - 5 LNA), Maximalbeträge für den zu leistenden Schadensersatz, gelten nicht bei vorsätzlicher oder grob fahrlässiger Schadensverursachung durch den Betrieb des Luftfahrzeugs (Art. 121 LNA). In diesen Fällen kann auch ein die Haftungsobergrenzen übersteigender Schadensersatz zugesprochen werden.

3. Für den Betrieb eines Luftfahrzeugs ist sodann eine **Pflichtversicherung** (*seguro aéreo*) erforderlich (Art. 126 ff. LNA). Der Schadensersatz im Rahmen der Versicherung muss gerichtlich hinterlegt werden, damit er der richtigen Person zukommt (Art. 129 Abs. 1 LNA). Schadensersatzansprüche sind privilegiert und müssen deshalb vom Flugbetreiber vorab und vor allenfalls anderen Forderungen befriedigt werden. Die eher kurz anmutende Verjährungsfrist für die Forderung nach Schadensersatz beträgt sechs (6) Monate ab dem Zeitpunkt des Unfalls (Art. 124 LNA).

5. Haftung für nukleare Schäden

Diese werden im Gesetz 25/1964 über nukleare Schadenrisiken vom 29. April (BOE Nr. 107, vom 4. Mai 1964) und im Dekret vom 22. Juli 1967 zur Annahme der in diesem Gesetz entwickelten Bestimmungen geregelt. Art. 45 geht von einer objektiven Haftung (Gefährdungshaftung) für nukleare Schäden aus und setzt für den Schadensersatz die Höchstbeträge fest. Außerdem wird eine Pflichtversicherung gefordert. Die Verjährungsfrist für Klagen liegt bei 10 Jahren im Fall von sofortigen Schäden und 20 Jahren bei verzögerten Schäden (Latenz- oder Spätschäden).

6. Haftung für Jagdschäden

Diese werden im Gesetz 1/1970 vom 4. April zur Jagd geregelt (BOE Nr. 82, vom 6. April 1970). Art. 33 Abs. 5 des Jagdgesetzes besagt, dass "jeder Jäger zur Haftung der von ihm verursachten Schäden anlässlich der Jagd verpflichtet ist, es sei denn, die Tat lässt sich ausschließlich auf die Schuld oder Fahrlässigkeit des Geschädigten oder auf höhere Gewalt zurückführen. Lässt sich bei der bewaffneten Jagd der Täter des verursachten Schadens nicht feststellen, haften solidarisch alle Mitglieder der Jagdgesellschaft". Hier besteht eine objektive Haftung mit Versicherungspflicht. Die Haftung wird nur bei alleiniger Schuld des Opfers oder bei höherer Gewalt ausgeschlossen.

7. Haftung für Umweltschäden

Art. 45 CE beinhaltet das Recht auf eine der Entwicklung der Person angemessene Umwelt. Im Fall der Verursachung von Schäden an der Umwelt werden straf-, verwaltungs- oder zivilrechtliche Sanktionen verhängt. Letztere richten sich nach Art. 1902 ff. CC. Die Rechtsprechung neigt bislang dazu, diese Haftung als quasiobjektiv zu erachten, ohne jedoch den Verursacher des Schadens von der Erfüllung der Regelungen auszunehmen. Letzten Endes gestaltet es sich in vielen Fällen schwierig, den Verursacher des Schadens ausfindig zu machen. Normalerweise wird Klage gegen die Person erhoben, die in direkter Beziehung zu der Sache steht, die den Schaden verursacht hat (z.B. der Eigentümer des Unternehmens oder Industriebetriebs, das die Verschmutzung verursacht). Vor kurzen wurde ein neues Umweltgesetz erlassen, das vor allem verwaltungsrechtliche Sanktionen enthält (*Ley 26/2007, de 13 de octubre, de responsabilidad medioambiental*; BOE Nr. 255, vom 24. Oktober 2007).

Ausgewählte Literatur

ALGARRA PRATS, ESTHER, *La responsabilidad civil por los daños causados por la caída de árboles y otras cosas*, Madrid, Dykinson, 2006.

BUSTOS MORENO, YOLANDA B., *La responsabilidad civil en la navegación aérea: los daños a terceros*, Madrid, Dykinson, 2003.

GALLEGO DOMÍNGUEZ, IGNACIO, *Responsabilidad civil extracontractual por daños causados por animales*, Bosch, Barcelona, 1997.

GÁLVEZ CAVO, MARÍA REMEDIOS, *El derecho de caza en España*, Comares, Granada, 2006.

GARCÍA RUBIO, MARÍA PAZ/ÁLVAREZ GONZÁLEZ, SANTIAGO, *La responsabilidad por los daños causados por el hundimiento del prestige*, Iustel, Madrid, 2007.

GÓMEZ-MAMPESA DEL PALACIO, RICARDO, *Las distintas formas de responsabilidad derivada de la tenencia de animales*, Madrid, 2006.

VALLE MÚÑIZ, JOSÉ MANUEL, *La protección jurídica del medio ambiente*, Pamplona, Aranzadi, 1997.

Schriften der Deutsch-Spanischen Juristenvereinigung

Band 1 Santiago Gonzáles-Varas: Die Verwaltung in Privatrechtsform in Spanien und Deutschland. 2002.

Band 2 Eva Romanski: Sozialstaatlichkeit und soziale Grundrechte im Grundgesetz der Bundesrepublik Deutschland und in der spanischen Verfassung. 2000.

Band 3 Alexander von Kuhlberg: Änderung und Revision der spanischen Verfassung vom 29. Dezember 1978. 2000.

Band 4 Kai Christian Fischer: Verbraucherschutz im spanischen Vertragsrecht im Lichte der europäischen Rechtsangleichung. Eine Studie mit rechtsvergleichenden Bezügen zum deutschen Recht. 2000.

Band 5 Miguel Félix Rodríguez y Rowinski: Die Haftung für Hilfspersonen im spanischen Recht. 2001.

Band 6 Ole Brühl: Immissionsschutzrechtliche Vorhabengenehmigung in Deutschland und Spanien. Eine rechtsvergleichende Untersuchung unter besonderer Berücksichtigung der Rechtslage in den Autonomen Gemeinschaften Spaniens. 2001.

Band 7 Florian Pagenkemper: Die Mängelhaftung des Bauunternehmers in Spanien nach der *Ley de Ordenación de la Edificación* und dem *Código civil*. Eine Untersuchung der vertraglichen und gesetzlichen Haftung mit rechtsvergleichenden Bemerkungen zum deutschen Recht. 2002.

Band 8 Daniel Friedrich Berg: Die Rückabwicklung gescheiterter Verträge im spanischen und deutschen Recht. Eine rechtsvergleichende Untersuchung unter besonderer Berücksichtigung des Einheitsrechts. 2002.

Band 9 Maria Isabel Haas: Der Durchgriff im deutschen und spanischen Gesellschaftsrecht. Eine rechtsvergleichende Analyse. 2003.

Band 10 Sonja Kohtes: Das Recht der vorformulierten Vertragsbedingungen in Spanien. Die Umsetzung der Richtlinie 93/13/EWG über missbräuchliche Klauseln in Verbraucherverträgen. 2004.

Band 11 Markus Artz: Kollisionsrecht und ausländisches Recht in spanischen und deutschen Zivilverfahren. Eine rechtsvergleichende Untersuchung. 2004.

Band 12 Johannes F.K. Rheinheimer: Arbeitsrechtliche Fragen nationaler und internationaler Telearbeit in der Europäischen Union an den Beispielen Deutschland und Spanien. 2004.

Band 13 Julia B. Spaethe: Spaniens Abstammungsrecht in Geschichte und Gegenwart. Unter besonderer Berücksichtigung der Nichtehelichkeit. 2004.

Band 14 Thomas Reineke: Das Recht der Arbeitnehmerüberlassung in Spanien und Deutschland und sein Verhältnis zu der geplanten europäischen Regelung. 2004.

Band 15 Christian Gohm: Maßnahmen zur Beschleunigung und Konzentration im neuen spanischen und deutschen Zivilprozess.Eine rechtsvergleichende Analyse im Lichte der Europäisierung des Zivilprozessrechts. 2004.

Band 16 Till Pense: Das spanische Schwurgericht. Die Jury im Spannungsfeld von Rechtsstaat und Demokratie. 2006.

Band 17 Jan Hückel: Persönlichkeitsschutz und Geldersatz im deutschen und spanischen Zivilrecht. 2006.

Band 18 Ilja I. Selenkewitsch: Spanisches Tarifrecht. Mit spezieller Betrachtung der arbeitszeitrechtlichen Regelungen. 2006.

Band 19 Sven Klaiber: Mitwirkungsbefugnisse des Bürgers auf Seiten der Strafverfolgungsorgane in Deutschland und in Spanien im Rechtsvergleich. 2006.

Band 20 Raimundo Baglietto Bergmann: Der einstweilige Rechtsschutz nach der neuen spanischen Zivilprozeßordnung und der deutschen Zivilprozeßordnung. Eine rechtsvergleichende Untersuchung der Art. 721–747 LEC und der §§ 916–945 ZPO für den Bereich des Zivilprozeßrechts. 2007.

Band 21 Holger Dierkes: Sicherungspflichten des Bauträgers in Spanien und Deutschland. Insbesondere aus Art. 19 Ley de Ordenación de la Edificación und aus §§ 3 und 7 Makler- und Bauträgerverordnung. 2007.

Band 22 Nele Rades: Die *Sociedad Limitada Nueva Empresa.* Eine Diskussion des spanischen Gesetzes Nr. 7/2003 im Kontext des spanischen und deutschen GmbH-Rechts. 2008

Band 23 Peter Stadler: Das interregionale Recht in Spanien. Darstellung unter besonderer Berücksichtigung des Ehegüter- und Erbrechts. 2008.

Band 24 Christian Ochs: Die Haftung des GmbH-Geschäftsführers im deutschen und spanischen Recht. 2008.

Band 25 Janire Mimentza: Der Auskunftsanspruch im deutschen und spanischen Markenrecht. Vor dem Hintergrund der europäischen Richtlinie 2004/48/EG zur Durchsetzung der Rechte des geistigen Eigentums. 2008.

Band 26 Thomas Kaiser: Steuerliche Gewinnermittlung in Spanien und Deutschland. 2008.

Band 27 Thomas M. Mannsdorfer / Susana Navas Navarro: Spanisches Haftungs- und Versicherungsrecht. 2008.

www.peterlang.de

FSC
www.fsc.org
MIX
Papier | Fördert
gute Waldnutzung
FSC® C083411

Kolibri 360 GmbH
Ferdinand-Jühlke-Straße 7
99095 Erfurt, Deutschland
produktsicherheit@kolibri360.de

Druck:
CPI Druckdienstleistungen GmbH
im Auftrag der
Kolibri 360 GmbH
Ferdinand-Jühlke-Str. 7
99095 Erfurt